DEUTSCHLAND IST ANDERS . . .

Brücken-Kapelle in Calw

IMME OHLWEIN
und
FRANZ JOSEF OLLER

Deutschland ist anders...

Notizen über Land und Leute der
Bundesrepubik Deutschland

Mit 14 Zeichnungen von Fritz Busse

HORST ERDMANN VERLAG
TÜBINGEN UND BASEL

ISBN 3 7711 0187 5

Gesamtherstellung: Maisch und Queck, Gerlingen

Inhalt

Deutschland ist ganz anders...

Willkommen in Deutschland! Willkommen unter der schwarz-rot-goldenen Flagge jener Bundesrepublik, die wir hierzulande ebenso schlicht »Deutschland« nennen wie unsere Landsleute jenseits der Grenze ihre Deutsche Demokratische Republik. Und schließlich, obwohl wir das beidseits der Mauer für ein schmerzliches Versehen halten: Haben wir nicht alle gemeinsam recht?

Die Theoretiker mögen die Hände ringen. Aber — bitte, achten Sie auf Ihre Schritte. Bei jedem vierten oder fünften müßten Sie unweigerlich über einen Menschen purzeln, denn es ist wahr: Rund 62 Millionen Westdeutsche bevölkern die insgesamt 248 577 Quadratkilometer der Bundesrepublik und Westberlins. Von Hirschen, Rehen, Gemsen, Hasen, Murmeltieren, Kühen, Schafen, Schweinen und Ziegen ganz zu schweigen, die allesamt drauf drängen, parterre zu wohnen . . .

Wahrhaftig, dies ist die Stelle, sich zu fragen, wie der Rhein es schafft, sich mit 867 Kilometer deutscher Länge klammheimlich in sein weinberanktes Bett zu schlängeln. Und dazu noch Elbe und Weser, Mosel und Nekkar, Werra und Fulda, Donau und Inn, Spree und Havel, Isar und Lech. Und die grünen Halligen Frieslands. Die Nordseedünen und weiten Ostseestrände. Die lilarot blühende, unter Wacholder geduckte Heide. Die sanften Hügel von Harz und Weserbergland. Das lichte Laubgrün von Spessart und Pfalz. Der tiefe Tann von Schwarzwald, Taunus und Bayerischem Wald. Die Bayerischen und die Allgäuer Alpen. Deutschlands höchster Gipfel, die Zugspitze, 2 964 Meter über dem Meer. Holsteins still verwobene Seen unter dem Schrei der Rohrdommeln. Die Vulkane der Eifel. Märchenschlösser und verwitterte Burgen. Wasser und Berge und über 40 der Zivilisation wieder abgetrotzte Naturparks. Und nichts davon in eingezäunten Reservaten, sondern kühn unter die Menschen gestreut.

Daran liegt es, daß der Deutsche mondbeschienene Flüsse, Wiesen voller Himmelsschlüssel, Lyrik und, abgesehen von Ungeziefer, Tiere liebt; oft ohne jeden Nutzeffekt nur um der Schönheit willen. Kaum ein anderes Land hält so viel Vegetation in seinen Liedern parat, sei's Goethes »Röslein auf der Heiden« oder Theodor Storms Frage: »Warum duften die Levkojen so viel schöner bei der Nacht?« Der Lindenbaum am

Brunnen vor dem Tore, das Heideblümlein namens Erika und schließlich auch das Wollgras, das Hermann Löns, der Heidedichter, zart besang.
Diesen romantischen Gemütsballast tragen wir gern und freudigen Herzens nicht nur ins eigene Heim, sondern auch ins Ausland, um andere zu beglücken, ob sie wollen oder nicht. Wenn man uns läßt, sind wir altruistisch bis aufs Skelettsystem. Und so erklärt sich auch, daß der Deutsche sein Vaterland mit Dreschflegel und Spitzhacke verteidigt und Worte kennt, die es nirgendwo gibt. Worte wie »Heimweh« . . .
Vergessen Sie, was man Ihnen über deutsches Sauerkraut, deutschen Wein und deutsche Frauen erzählte. Denn siehe da, obwohl sich das Sauerkraut selbst statistisch in Dunkelziffern hüllt: der Deutsche vertilgt mit rund 55 kg Grünfutter pro Kopf und Jahr, verglichen mit Italien (ca. 150 kg), Frankreich (130 kg), den Beneluxstaaten (rund 90 kg) und Holland (74 kg) wirklich den allerbescheidensten Teil des EG-Gemüses.
Der vielbesungene deutsche Wein, angeblich der beste und teuerste Europas, zieht entschieden den kürzeren gegenüber dem Bier, denn hier endete im Jahre 1973 das Spiel genau 21 : 146,7 Liter pro Person und Jahr.
Nur was die deutsche Damenwelt angeht, zeitigen die Meinungsumfragen sehr unterschiedliche Ergebnisse. Denn etwa zur gleichen Zeit publizierte eine stark mann-bezogene Zeitschrift eine Leserbefragung, die vermeintlich bewies, daß jede dritte Ehefrau sich alle vierzehn Tage einen kleinen Seitensprung gönne — während eine Zeitschrift »für das Leben zu zweit« ebenso kategorisch nachwies, daß ungeachtet aller freizügigen Umwelteinflüsse durch Illustrierte oder Pornografie 61 Prozent aller deutschen Frauen ihr Bett auch heute noch

Nacht für Nacht mit ihrem ersten und seither einzigen Mann teilen. Vielleicht sollten Sie sich Ihre Meinung darüber am besten selbst bilden ...

Doch eines scheint unbestritten: der Deutsche hat ein paar dominante Eigenarten, darunter den sprichwörtlichen Fleiß, die Sauberkeit und eine, wie die Geschichte zeigte, manchmal jeder Vernunft trotzende Disziplin. Dank dieser vom nördlichen Flensburg bis hinab zum Bodensee einhellig gepflogenen Tugenden ereilt alle zehn Länder der am 23. Mai 1949 auf das föderative, demokratische und rechtsstaatliche Grundgesetz eingeschworenen Bundesrepublik das Mißgeschick, stets in die gleiche Schablone gepreßt zu werden.

Die Bayern finden das nicht fair. Wie sie die Sache sehen, bewies eine launige Presseschlagzeile in München, als im Sommer 1971 in Hamburg und Schleswig-Holstein die Schulferien begannen: »Bleibt im Bett. Die Preußen kommen!«

Und auch die Preußen selbst hegen noch ihr kleines wilhelminisches Vorurteil gegen die vermeintlich krachledernen Typen, die da südlich des »Weißwurst-Äquators«, nämlich der Donau, ihr Unwesen treiben, beachtliche Mengen Knödel mit nicht minder erstaunlichen Mengen Bier in vermutlich eherne Mägen schwemmen, Gamsbärte am Hut tragen und — was noch viel schlimmer ist — einen richtigen, echten Märchenkönig hatten: Ludwig II., der schön und schwermütig 1886 auf mysteriöse Weise im Starnberger See ertrank und dem bayerischen Tourismus die drei Traumschlösser Herrenchiemsee, Linderhof und Neuschwanstein hinterließ.

Wie dem auch sei: den typischen Deutschen werden Sie ebensowenig finden wie die typisch deutsche Landschaft. Kein Wunder, denn Deutschland vereint auf engstem Raum alle in Mitteleuropa vorkommenden Pflanzenwelten und geologischen Strukturen, die denn auch notgedrungen sehr verschiedene Menschentypen prägten. Bedenkt man außerdem, daß sich hier Illyrer und Kelten, Germanen und Römer tummelten, dann beginnt ganz von selbst der erste Verzicht:

Verzicht auf die Illusion vom pausenlos neckischen Rheinländer, der feuchtfröhlich ins wehe Lied der Loreley einfällt und am hellichten Alltag wild kostümiert Karnevalsorgien auf offener Straße feiert ... Aber keine Spur. Sowohl in Köln als auch in Düsseldorf und Mainz herrscht das geschäftige Treiben, das Industriegiganten mit sich bringen. Warten Sie auf den Rosenmontag. Oder wenigstens bis zum Abend, in einer der putzigen kleinen Kneipen, die da »Em Bölzche« heißen oder in seltsam französisch-rheinischem Kauderwelsch »La Päd«: dann haben Sie ihn plötzlich — Ihren munteren Duzbruder, den Rheinländer.

Apropos »Du« ... Böse Zungen, wahrscheinlich solche, die das Hürdenspringen der deutschen Grammatik nicht mögen, behaupten, der Deutsche habe das komplizierte »Sie« nur erfunden, um sich bei Festgelagen um so inniger verbrüdern zu können. Das »Du« wird dem neuen Freund zuteil wie einst der Ritterschlag, Ellbogen in Ellbogen gewinkelt und den Namen »Paul« auf den Lippen, denn so heißt der Gute neuerdings.

Die bösen Zungen irren sich, denn vermutlich wurde das »Sie« eigens ihretwegen ersonnen. Es bedarf weit größerer Zivilcourage, »Sie Trottel« zu brüllen als »Du Vollidiot«. Und ganz sicher war's im Mittelalter nichts anderes als die Prophylaxe gegen etwaige Respektlosigkeit, daß man kleine Mädchen lehrte, »Schlafen Sie wohl, Frau Mutter« zu lispeln. Und wem man im vorigen

Altenberger Dom

Jahrhundert im Ton des Alten Fritz befahl: »Geh Er in den Keller. Hol' Er Kartoffeln!« — seien Sie sicher, der tat's.

Heute hat sich der Ton gewandelt, auch bei der Deutschen Bundeswehr, die nach Abschluß der Pariser Verträge 1955 gegründet wurde, um als Teil der NATO die sogenannte freie Welt zu verteidigen. Doch der berühmte preußische Kasernenhofton hat sich gleichzeitig mit dem blinden Gehorsam überlebt. Das Individuum hat deutlich an Wert gewonnen während einer jahrelang stärker brandenden Konjunkturwelle. Bei einer Vollbeschäftigung von annähernd 99 Prozent hielt man jedem Arbeitslosen 1972 etwa 1,5 Arbeitsplätze entgegen. Und wem es gar gelingt, sich eine Gehilfin in den Haushalt und einen Lehrling in den Betrieb zu locken, der ist fürwahr ein vom Glück begnadeter Mensch.

Erstaunlich genug: diese Bundesrepublik, so schmal sie um die Taille ist, hat es dennoch verstanden, der Weltwirtschaft ebenso zu huldigen wie dem Tourismus. Denn — ist sie einerseits, zum Beispiel auf dem Gebiet der Fertigprodukte, an die erste Stelle des Exports aufgerückt, bemüht sie sich andererseits in steigendem Maße um den Touristen, der ohnehin erfreut zur Kenntnis nimmt, daß ihn hier 35 000 Kilometer Bahnstrecke und rund 5831 Autobahnkilometer erwarten, um die Stätten wohlerhaltener Historie dichter aneinanderzurücken:

Trier und Köln, die alten Römerstädte voll archäologischer Funde. Die Stadt der Kaiserkrönungen: Aachen. Das Worms der Nibelungen. Die Meistersingerstadt Nürnberg mit ihren berühmten Söhnen: den Bildhauern Veit Stoß und Adam Kraft, dem großen Albrecht Dürer, den Erfindern der Taschenuhr, Peter Henlein, und des Globus: Martin Behaim. Die Goethestadt Frankfurt. Die Bischofsstädte Mainz, Würzburg, Regensburg und Passau. Pittoreskes Mittelalter in Rothenburg o. d. Tauber, in Dinkelsbühl, in Nördlingen, in Füssen. Und dann die kaum aufzählbaren Orte, in denen der Tradition alljährlich oder zumindest in geregelten Intervallen gehuldigt wird, sei's kreuzfidel oder romantisch, volkstümlich, sagenumwoben, musikalisch, religiös oder in hemdsärmeliger Ausgelassenheit.

Denn da gibt's ebenso den »Tag der Dahlie« in Bad Neuenahr wie das »Oktoberfest« in München oder den »Hamburger Dom«. Es gibt die »Oberammergauer Passionsspiele« oder die »Landshuter Fürstenhochzeit«, den jährlich nachvollzogenen »Drachenstich« in Furth im Wald oder den »Dürkheimer Wurstmarkt« — in jedem Moselstädtchen und entlang des Rheines Weinfeste voller Lampions und köstlicher Promille; die Tage der »Heidelberger Schloßbeleuchtung« und den Lichterregen eines »Rhein in Flammen«, Seenachtsfeste an den Ufern des Bodensees; den »Bremer Freimarkt« und den »Cannstatter Wasen«; und warum schließlich sollte sich der Liebhaber opulenter Wagner-Opern, der heute die »Bayreuther Festspiele« besucht, im darauffolgenden Winter nicht puppenlustig und mit Pappnase in den rheinischen Karneval oder den Münchner Fasching stürzen?

Old Germany hat und liebt beides — wie es denn überhaupt liebt, was es hat. Doch weil der Deutsche mit bewunderndem Seitenblick in die Ferne so leicht den Argwohn weg, was er hat, könnte zuwenig oder gar unfein sein, importiert er dennoch emsig internationale Anregungen, Gepflogenheiten und Kochrezepte. So kommt es, daß die Bundesrepublik vor italienischen Eisdielen, Chinalokalen, französischen, jugoslawischen, indonesi-

schen, altböhmischen, russischen und mexikanischen Spezialitätenrestaurants neben einer Fülle urwüchsiger eigener »Geheimtips« strotzt.
Nur zu, bestellen Sie sich ein Chop Suey, Cuisses de grenouilles oder Linsen mit Speck: dies ist das Reiseland der beinahe unbegrenzten Möglichkeiten!

Berlin – die Stadt, die trotzdem lacht

»Ich bin ein Berliner!« erklärte im Juni 1963 bei seinem dortigen Besuch der damals strahlende und fünf Monate später tote Präsident der Vereinigten Staaten, John F. Kennedy.

Berliner zu sein ist keine Frage der Geburt, sondern der Anatomie: man braucht ein »Herz am rechten Fleck«, und man braucht die köstliche Schlagfertigkeit der berühmten »Berliner Schnauze«.

Haben Sie beides, dann brauchen Sie nur noch ziemlich viel Zeit und ziemlich wenig Schlaf. Denn man weiß ja:

Berlin ist »durchgehend geöffnet«. Das offizielle Rundfahrt-Programm dauert rund drei Stunden. Danach haben Sie alles gesehen und von mehrsprachig lächelnden Hostessen erklärt bekommen, was Sie von Berlin ohnehin längst kannten: nämlich das Schöneberger Rathaus am J.-F.-Kennedy-Platz, die Siegessäule, die Gedächtniskirche, das Olympiastadion, das Hansaviertel, die Kongreßhalle mit dem hübschen Spitznamen »die schwangere Auster« — schließlich das Le-Corbusier-Haus, den Fernsehturm und Berlins traurigste Sehenswürdigkeit, die im August 1961 errichtete Mauer, die das Brandenburger Tor heute wirken läßt wie das Ende der Welt.

Um diesen Irrtum aufzuklären, sollten Sie auf keinen Fall versäumen, Ihr Ohr an den heftig klopfenden Ostberliner Pulsschlag zu legen. Sind Sie Westdeutscher, wird man Sie im bisher innegehabten Doppelstockbus in der Invalidenstraße gen Ost schleusen, während Sie als Ausländer am »Checkpoint Charlie« Ihren Paß vorweisen, um dorthin zu gelangen, wo Berlin früher so ungemein berlinerisch war: Unter den Linden. Doch was einst Wilhelmstraße hieß, nennt sich heute Otto-Grotewohl-Straße. Und dort, wo Hitlers Reichskanzlei stand, gähnt eine dürre Wiese hinter dem Zaun. Humboldt-Universität. Kronprinzenpalais, wieder aufgebaut. Und sehr viel zeitgenössische russische Architektur. Auch die Straßennamen klingen so.

Pflichtbesuche erledigt? Danach dürfte Sie nichts davon abhalten, das Berlin der Berliner zu studieren. Ganz im Detail. Denn was ein echter Spree-Insulaner ist, der würde nach mehrstündigem Gucken — und das tut er ziemlich oft, er ist nämlich von Natur aus neugierig — das Weite in der Enge suchen: in einer der viertausend

Im Hansaviertel Berlin

Eckkneipen, die in den seltensten Fällen an Ecken liegen, dafür aber so richtig schön deftig dreinschauen und auch durch ihr schlichtes Interieur beileibe niemand vom konzentrierten Biergenuß ablenken wollen.
Hier wird auch keineswegs nach Stimmung geschrieen. Dies ist der Ort, an dem man bei 'ner Molle und 'nem Korn die Lage überdenkt. Und das tut man hier schon ziemlich lange. Genaugenommen: seitdem Anno 1230 die beiden Gemeinden Cölln und Berlin Stadtrechte zugebilligt bekamen. Schon 1650 brachte man es auf 6 000 Einwohner und einen Kurfürsten. Und vor dem Zweiten Weltkrieg gar gehörte Berlin mit etwa 4 Millionen Insassen zu den fünf menschenreichsten Großstädten Europas: nicht etwa, weil sie sich so extrem fleißig fortgepflanzt hätten, sondern weil der muntere Ruf dieser Metropole mit magischer Anziehungskraft nach Böhmen und Österreich, an den Rhein und die Oder, nach Schwaben und Frankreich, vor allem aber in das riesige, fruchtbare Hinterland an die Ohren all derer drang, die zu Hause das nötige Quantum Amüsement entbehrten. Aus diesem Gemisch von Rassen, Sitten und Bräuchen mixte sich der Schmelztiegel an Spree und Havel flugs einen neuen Typus Mensch: den waschechten Wahlberliner. Und noch heute sind die überzeugtesten Bewohner dieser Insel selten in Berlin geboren.
»Berlin ist doch keen Dorf«, schmunzeln sie völlig wahrheitsgemäß — und nennen 50 schmucke Dorfkirchen ihr eigen und auch ein reizendes Dorf namens Lübars, das selbst mancher Urberliner kaum kennt. Es liegt niedlich und verträumt hinter dem Märkischen Viertel, noch im Bezirk Reinickendorf. Und seit dem 13. Jahrhundert leben dort, zwischen Kirchlein und Gasthof, eine Handvoll Bauern, ernten ihr Getreide und staunen über die

große, nahe Stadt, die nur nachts wahrzunehmen ist: im fernen Lichterdunst der Tausende von Leuchtreklamen und Straßenlaternen. Und man wandert versonnen hinter Lübars die Straße hinauf, über ein paar Hügel — und steht am Ufer der Insel, vor jener Mauer, die hier, so unerwartet, grau und still und viel erschreckender wirkt als mitten in der Stadt.

Da trabt man über Lübars' Kopfsteinpflaster, lobt sich die weiche Luft und Berlins nachweislich ausgeglichenstes Klima Deutschlands, sitzt im Dorfkrug »Zum lustigen Finken« und ahnt überhaupt nichts von der ungeheuren Menge Naß, die diese Stadt umzingelt. Natürlich, der Wannsee und Schwärme von Berlinern, die sich in seinem Strandbad mit Kind und Kegel und Stullenpaket niederlassen. Dort tummeln sich die langmähnigen Grazien, genannt »Gören«. Die männlichen Exemplare hingegen heißen »Rotzjungen«, was man ihnen möglichst nicht sagen sollte . . .

Aber Wannsee hin oder her: kennen Sie eigentlich den Grunewaldsee, die Krumme Lanke, den Lietzensee, den Halensee, den Tegelersee oder den Schlachtensee? Es gibt rund fünfzig davon, dazu Unmengen idyllischer Bäche und kleiner Kanäle, vor allem aber Spree und Havel.

Der berühmte »Aal grün«, butterweich und duftend in einem der schlichten Seegasthöfe auf den Tisch getragen, schlängelte sich jedenfalls noch sehr kürzlich irgendwo in der Havel herum, und er ist ein wirklich echter Berliner, mit Spreewasser getauft, das sorgsam durch Schleusen gereinigt an die Havel abgegeben wird.

Überhaupt, die Havel. Sie ist es, die das Landschaftsbild Berlins prägt. Nicht die Spree. Und die Berliner sind ein Volk der Hobbyangler und Kahnkapitäne — was Wunder: acht Prozent der Stadt sind flüssig.

Das erklärt die Unzahl von Brücken, die schlicht und schmucklos wahrhaftig nur den Zweck der Überbrükkung erfüllen. Nur zur Pfaueninsel hinüber führt keine solche, sondern ein regelmäßiger Fährdienst vom Wannsee aus. Man sollte das Wochenende auf diesem Eiland meiden. Denn so pittoresk das Schlößchen, die Spielzeughäuser und der ausgedehnte botanische Garten in der Wochenmitte vor sich hin träumen — am Sonntag glaubt man Theodor Fontane kein Sterbenswörtchen von der hingerissenen Behauptung, die Insel sei »mehr eine Feen- als eine Pfaueninsel«. Obwohl die schillernd gefiederten Wappenvögel ganz unmißverständlich über die Insel promenieren und, seltsam genug, Geräusche von sich geben, die an die Callas mit Stimmbruch gemahnen.

Es wäre ja möglich, daß der Chemiker Johann Kunckel, der gegen Ende des 17. Jahrhunderts auf dieser Pfaueninsel das Rubinglas entdeckte, es vor allem tat, weil er nach einem solchen Pfauenkonzert einfach rot sah.

Doch um der Wahrheit die Ehre zu geben: in Berlin wurde ziemlich oft irgend etwas entdeckt. So entdeckte beispielsweise der gute Papa Heinrich Zille seine Mitmenschen: die kleinen aus den dumpfen Hinterhöfen, die großen im Biedermannslook, und sie sind inzwischen nicht ausgestorben, weder im Wedding noch in Kreuzberg, Neukölln oder Charlottenburg. Ganz plötzlich, irgendwo, bleiben Sie stehen und staunen. Da sitzen Zilles Typen, mit ihrem »Milljöh«, dem Hund und dem Petersilientopf im Fenster, sitzen da und starren Sie an. In den alten, heute leider stark dezimierten Destillen dieser Stadtteile finden Sie heute noch, was schon damals gut und billig war — knusprig braune Buletten, zu duftenden Bergen auf den blankgescheuerten Schanktischen aufgehäuft. Die fast schon legendäre Kodderschnauze, sonst nur noch im Grunewald oder bei den Taxifahrern am Kurfürstendamm zu hören — hier fühlt sie sich noch zu Hause. Hier sind sogar Berlins Leierkästen noch im Dienst, und die Mädchen sind wie zu Zilles Zeiten frühreif, schlagfertig und ungeniert hübsch.

Sie begegnen ihnen in der Bleibtreustraße am Zillemarkt, zwischen Ramsch und Antiquitäten, Plastikknarren und billigen Blusen. Man trifft sie, ebenso hübsch, doch weniger zillehaft, im »Riverboat« am Hohenzollerndamm oder im »Jetpower« in Spandau, und man sieht sie bis zum frühen Morgen. Denn das Aufregendste an Berlin ist etwas, das es dort nicht gibt: die Sperrstunde. Man hat sie abgeschafft, ein wenig wohl dem Lincke-Lied von der »Berliner Luft mit dem ganz besonderen Duft« zuliebe. Wie immer dieser sagenhafte Sauerstoff wissenschaftlich beschaffen sein mag: er bringt Berlins Besucher ganz gehörig auf Trab.

Hamburg hat seine Reeperbahn, Düsseldorf seine Altstadt, München sein Schwabing — Berlin hat kein eigentliches Amüsierviertel. Hier vergnügt sich jeder, wo er wohnt, und wohnen tun die Berliner eben überall. Die bekannteren Bars und Diskotheken versammeln sich, wie kaum anders zu erwarten, um den Ku-Damm — so haben sich die Berliner ihren Kurfürstendamm sprachlich vereinfacht —, und jeder Taxifahrer gibt Ihnen bereitwillig Geheimtips. Fällt Ihr Besuch in die Bockbier-Zeit, sind Sie ohnehin aller Sorge ledig: auf in die Hasenheide 108 bis 114.

Wo immer Sie Ihren Abend begannen, er endet selten an der gleichen Stelle. Und so wundert es niemand, wenn Sie, im Laufe der Nacht zur »Miss oben ohne«

oder zum »Mr. Supermann« gekürt, gegen Morgen mit wildfremden Leuten in einer der herrlichen Altbauwohnungen mit dem riesigen, meist leeren Berliner Zimmer in der Mitte herumsitzen und sich ein Katerfrühstück zuführen.

Was tut man nach solch »angebrochener Nacht«? Nofretete besuchen? Sie steht, 3 300 Jahre alt und 1912 in Ägypten ausgegraben, als Büste in einem Palais vor dem Charlottenburger Schloß, während ihr schärfster Konkurrent im Kampf um den Touristen, Rembrandts »Mann mit dem Goldhelm«, in der Gemäldegalerie hängt. Aber bitte — Sie dürfen statt dessen auch das kuriose Zuckermuseum in der Amrumer Straße 32 oder den Zoo besichtigen, der übrigens mit dem »Tiergarten«, dem Vorkriegs-Diplomatenviertel und heutigen Englischen Garten mit garantiert britischen, königlichen Bäumen, nicht zu verwechseln ist.

Und dann auf zur echten Berliner Küche, in die Joachimstaler Straße zu Aschinger, um, eingekeilt in die schnabulierende Gästeschar, Erbsensuppe zu löffeln. Die Brötchen auf den Tischen sind seit Jahrzehnten eine kostenlose Dreingabe des Hauses. Ein richtiges Eisbein mit Sauerkraut dagegen wird in der Meinickestraße bei Hardtke serviert, wo rundbäuchige ältere Herren mit ebensolchen Hunden und die meist geldknappen Studenten von der Freien Universität in Dahlem oder der Technischen Universität an der Straße des 17. Juni für Publikumskontraste sorgen.

In »Mampes guter Stube« wird Ihnen allein beim Anblick des gewaltigen Likörangebots schwindlig. Doch das berühmte Café Kranzler ist ein absolutes »Muß« im Berlinprogramm, schon wegen des vorüberflanierenden Volks. Und als Happy-end ein Spaziergang über die gesamte 3,5-Kilometer-Länge des Kurfürstendammes. Haben Sie den geschafft, stehen Sie im Grunewald, lauschig im Grünen und umgeben von Hügeln. Der höchste Berg: 97 m hoch. Und auf dem zweithöchsten mit 79 Meter Höhe prangt als künstliche Erhebung der Kaiser-Wilhelm-Turm.

Es duftet nach Wildschweinbraten aus jedem der Waldlokale, und dieser Braten ist eine köstliche Grunewaldspezialität, handfest und reell wie alles, was der Berliner gern ißt. Die einzige Extravaganz im kulinarischen Alltag ist jene Weiße mit rotem oder grünem Schuß — und die ist flüssig. Prost Berlin!

Haferlschuh und Alpenglühn

Ui je, nördlich der Donau ... Natürlich weiß jeder Bayer, daß auch dort Menschen leben. Wie sie das machen, ist ihm ein Rätsel. Denn die haben so gar nichts Barockes wie er. Keine weißgolden verspielten Kirchen unter bauchigen Zwiebeltürmen. Keine verwitterten Heustadl an grünen Almhängen. Keine Biergärten und kein Alpenglühn. Nicht halb soviel kunstsinnige Könige, nicht halb soviel Maler und Bildhauer. Keine wetterfeste Lebenslage, keinen Freistaat, keine königlich bayerische Ruh und deshalb, summa summarum: auch nicht die feine bayerische Lebensart ...

Mit solchen Leuten macht der Bayer wenig Federlesens. Er faßt sie kopfschüttelnd unter dem Sammelbegriff »Preußen« zusammen, manchmal auch in herzlicher Bierpolemik unter dem Kosenamen »Saupreißn«. Den hat vor hundert Jahren der Kanzler Otto von Bismarck den Touristen eingebrockt, die heute arglos gen Bayern reisen, ein längst vergessenes Restchen preußischer Vorherrschaft im Handgepäck. Und diese Bevormundung, die Bismarck 1870 walten ließ, als er aus dem Puzzlespiel deutscher Kleinstaaten das erste Deutsche Reich schuf: die nahmen ihm die individualistischen Bayern von Herzen übel.

»Mit Recht, taat i sogn«, tät er sagen, der Bayer. Er hatte seine eigene tausendjährige Geschichte, seine Liebe zu Österreich und außerdem immer Raum genug, um Einzelpersönlichkeit zu bleiben. Überall in der Bundesrepublik mag man 240 Köpfe pro Quadratkilometer zählen: in Bayern nur 150. Nichts liegt dem Bayern ferner, als eigen vor sich hin zu bröteln. Aber er brät sich nun mal gern seine kleine Extrawurst. Und kaum hatte er nach dem Zusammenbruch 1945 seinen altbewährten Freistaat wieder, kuschelte er sich nestwarm unter die heimelige Donau, die man hierzulande »Weißwurst-Äquator« nennt. Und da sehen Sie's selbst: diese hellhäutige, mit feiner Kalbfleischmasse, Schweinespeck, geriebener Zitrone und Petersilie gefüllte Wurst, die 1857 dem Würstelbrater Sepp Moser in München ganz aus Versehen in den Kochtopf glitt und seither mit süßem Senf und Weißbier vor dem Mittagsläuten genossen wird — diese Weißwurst ist die köstlichste aller bayerischen Extrawürste.

Fangen wir nicht bei Adam und Eva an. Sondern mit den Kelten und Römern, die zu vorchristlichen Zeiten durch Tirol hereingestiefelt kamen. Und so um das Jahr 500 unserer Zeitrechnung endlich nahten die ersten Bajuwaren aus böhmischen Landen, hängten die Fellgamaschen ans Campingfeuer und beschlossen, hier zwischen Berg und Tal zu bleiben: im Norden geborgen durch die Donau, südlich abgeschirmt durch die Kette der Alpen, die sich mit 240 Kilometern Luftlinie zwischen dem Bodensee und Berchtesgaden hinziehen. Denn es war ein herrliches Land.

Dieses Land sieht aus wie von Kindern geträumt: so weiß die Berggipfel bis in den Juni hinein, so seidenblau der Himmel, so blumenübersät die Wiesen. Kühe mit blonden Wimpern. Gehöfte mit hölzernen Altanen, vor denen Hängenelken schaukeln. Dörfchen wie von der Bauernbühne, und die gelben Köpfe der Trollblumen nicken an den Ufern kleiner Sumpfseen. Graziöse Birkenmoore. Düstere Fichtenwälder. Wegkreuze. »Heumanderl«, mit ausgebreiteten Armen Grasbüschel im Winde trocknend.

Bayern ist schön. Und mit 70 548 Quadratkilometern nicht nur das größte Land der Bundesrepublik, sondern tatsächlich so groß wie Holland, Belgien und Luxemburg zusammen. Die Eiszeit hinterließ zwischen der Landeshauptstadt München und den Alpen eine langsam dahinsickernde Wasserlandschaft, durchbrochen von sanften Moränenzügen. Und so prunkt besonders dieses Oberbayern mit Seen von erstaunlicher Vielfalt: dem Chiemsee, 80 Quadratkilometer weit zwischen Schilf geduckt. Darauf schwimmen die Inseln Frauenchiemsee mit einer alten Benediktinerinnen-Abtei, Herrenchiemsee mit dem Prunkschloß, das Märchenkönig Ludwig II. nach Versailler Vorbild bauen ließ, und ein romantisches Inselchen, die Krautinsel.

Kreuth, Oberbayern

Doch diesem größten der bayerischen Traumgewässer bleibt die Konkurrenz hart auf den Fersen, zumindest was die Legenden betrifft, die sie umwittern: heraldisch wie im Kochelsee, wo der Schmied von Kochel als Freiheitskämpfer mit geschulterter Sense die Häuser als Wandschmuck ziert. Oder wehmütig wie am Starnberger See, an einem Fenster des Wittelsbacher Schlosses Berg, seit seinem Bau im 9. Jahrhundert ständig verändert: an einem der Fenster saß im Juni 1886 König Ludwig II. und starrte hinüber zur Roseninsel. Drüben am gegenüberliegenden Seeufer liegt Schloß Possenhofen, wo seine Cousine Elisabeth aufwuchs. Was dachte der König: an seine Rendezvous mit Sissi auf der Roseninsel, bevor sie Kaiserin von Österreich wurde? Man weiß es nicht, der Nervenarzt Dr. Gudden ging am Abend mit seinem königlich schwermütigen Patienten spazieren. Man fand sie gegen Mitternacht im hüfttiefen Wasser. Alle beide. Und baute ihnen am Ufer eine Votivkirche byzantinischen Stils ...
Seen. Und Berge. Den höchsten allerdings, die Zugspitze mit 2964 Meter, teilen sich die Bayern redlich mit den Österreichern. Am Nordfuß des Bergmassivs der blauäugige Eibsee, die Gondeln der Schwebebahn und das Gleis der Zahnradbahn zwischen Fels und Lärchen. Dahinter die tief in die Stirn gezogenen Dächer Garmisch-Partenkirchens und vor dem Ammergebirge das schäumende Gebirgsflüßchen Loisach, eine winzige Schlangenlinie ... Kennen Sie Ludwig Ganghofer? Den bayerischen Heimatdichter, um dessentwillen Filmregisseure mit flatternden Pulsen, mit Mimen und Kameras die Berge erklommen?
Dort drüben liegen sie also: der Grat des Herzogstand, am Ziel der Loisach zwischen Kochel- und Walchensee

verklemmt, und dahinter die Benediktenwand. Dort unten liebten und litten sie: Ganghofers Romanfiguren, bis an des Autors Lebensende 1920 unablässig mit des Geschickes Mächten ringend, ob »Förster vom Silberwald« oder »Klosterjäger«. Und auch um die »Martinsklause« brauten sich Schicksalsschlag und Happy-end schaurigsüß zusammen.
Kein Wunder. Die oberbayerische Natur hält vom Schneesturm über Lawinen und Berggewitter bis zum reißenden Sturzbach und zur Gletscherspalte ein beglückendes Maß an Bühnenstaffage bereit, um die Phantasie zu beflügeln.
Selbst der Föhn, der schon die alten Römer als seltsam warmer Fallwind unter dem Namen »favonius« empfing: selbst dieser harmlose Luftstau bei tintenblauer Alpenkulisse ist ein sehr emotionsgeladenes Naturereignis.
Nicht daß er etwa, wie böse Zungen behaupten, zu Messerstechereien und sonstigen Missetaten führte. Im Gegenteil: nicht einmal der Chirurg wetzt sein Skalpell gern bei Föhn. Aber der Autofahrer, der etwa am Münchner »Stachus« (der amtlich Karlsplatz heißt) einem motorisierten Widersacher den kernigen Ruf »Du Bauernfünfer, du karierter!« nachschickt, darf auf mildernde Umstände hoffen. Sein Anwalt plädiert mit Föhn. Und der entschuldigt beinahe alles.
Vor allem die fromme Laune einer Handvoll Mönche, die einst im Jahre 1050 so für sich hin durch die Isarauen stapften, einen Hügel entdeckten, das Kreuz schlugen, darauf eine Kapelle errichteten und die Stätte »munichen« — bei den Mönchen — nannten. Ei der Daus, warum denn nur? Noch heute ist die unmittelbare Umgebung der bayerischen Landeshauptstadt München

nicht eben ein Quell des Entzückens für ihre 1,35 Millionen Einwohner. Was nicht verhindert, daß rund 10 Millionen Deutsche ebenso zäh wie opferfroh von einem Leben in München träumen.

Zäh, weil Hofbräuhaus und der »Alte Peter« aus dem 11. Jahrhundert locken, weil barfüßige Mädchen zwischen den Boulevardstühlchen der Leopoldstraße in Schwabing hindurchschlendern — und weil die charmant verschuldete Gräfin Franziska zu Reventlow doch wohl recht mit der Äußerung hatte, Schwabing sei kein geographischer Begriff, sondern ein Zustand.

Opferfroh dagegen ist die Münchensehnsucht, ungeschmälert durch die Tatsache, daß hier eine der teuersten Großstädte der Bundesrepublik wartet und die Neigung, dort zu leben, von der heimischen Industrie freudig mit dünneren Lohntüten quittiert wird. Doch sei's drum, sie sind es wert:

Die griechisch anmutende Erzdame einer Bavaria, die 1850 zum ersten Mal vor der Ruhmeshalle über der Oktoberfestwiese mit 19 Meter Gesamthöhe dem Volk gegenüberstand, das sich vergebens den Kopf wegen der Schuhgröße der Dame zerbrach. Der Königsbau der Residenz, unter König Ludwig I. dem älteren Trakt mit dem Rokokotheater nach Entwürfen von François de Cuvilliés angefügt; die geometrische Pracht des Hofgartens, das Glockenspiel der tanzenden Schäffler unter den neugotischen Rathaustürmchen am Marienplatz; die behäbigen Turmhauben der Frauenkirche; der Viktualienmarkt. Und schließlich das Nationaltheater, in dem Lola Montez, Tänzerin schottisch-kreolischen Ursprungs, dem armen König Ludwig I. schlimme Träume bescherte und in dem Richard Wagner Triumphe feierte, bevor er gen Bayreuth zog.

Rathaus und Frauenkirche München

Künstler sind in dieser Stadt in guter Gesellschaft. Da waren die Maler Carl Spitzweg, Franz von Lenbach und Franz Marc, Sie wissen ja, der Gründer des »Blauen Reiters«. Da lebte, lang und dürr und mit heimlicher Lebensangst, der Urmünchner und Humorist Karl Valentin. Und da arbeiteten an der satirischen Zeitschrift »Simplicissimus« Künstler wie jener norwegische Zeichner Olaf Gulbransson, dessen Grab 60 Kilometer von München entfernt am malerischen Friedhof von Tegernsee genauso zahlreiche Besuche empfängt wie am älteren Kirchhof Tegernsees die Gräber des Kammersängers Leo Slezak und des bayerischen Heimatdichters Ludwig Thoma.

Die drei waren übrigens nicht die einzigen illustren Bewohner dieses siebtgrößten und wohl anmutigsten bayerischen Sees. Was Rang und Namen und das nötige Kleingeld hat, leistet sich seine Sommeradresse rings um den nur 6,5 Kilometer langen und 2,5 Kilometer breiten, blaugrün plätschernden, im Süden mit Hochgebirgspanorama prunkenden, ansonsten aber mit sanftmütigen Voralpen umzingelten bayerischen Traumsee der Maler. König Maximilian Josef I. von Bayern war der erste Stammgast unter dem 1 723 Meter hohen Gipfel des Wallbergs mit seinem Votivkirchlein. Bis 1825 verbrachte er seine königlichsten Sommer hier zwischen den tief erschrockenen Holzfällern und Bergbauern, die ob dieser Ehre alsbald artige Manieren annahmen — sehr zum Gespött der Rottacher drüben in ihrer Egerner Bucht, die aus Protest bäuerlich blieben. Schließlich bekamen sie derzeit trotz des zauberhaften Halbinselchens namens »Malerwinkel« noch kaum ein Jota vom Tegernsee-Tourismus ab.

Aber dann kamen die Maler und die Dichter, die Wirtschaftsmagnaten und Minister, die Spielbank und die Kuren im Jod- und Schwefelheilbad Wiessee und ein üppiges Hotelaufgebot ...

Der Tegernsee, was Wunder, liegt in Oberbayern. Alles, was man im Ausland für Bayern hält, ist Oberbayern. Und nur wirkliche Feinschmecker in Sachen Reise kennen pflichtschuldigst auch die sandsteinfarbig-mittelalterliche Heimatstadt Albrecht Dürers: Nürnberg. Die Bayreuther Festspiele. Die alte Bischofsstadt Regensburg, zu Römerzeiten »Castra Regina« genannt und heute vor allem als Startloch zu den Welttourneen der »Regensburger Domspatzen« mit ihren glockenhellen Knabenstimmen bekannt. Die Drei-Flüsse-Stadt Passau, über Donau, Inn und Ilz einerseits mit dem alten Bischofsdom, andererseits mit der auf steilem Fels balancierenden Feste Oberhaus prunkend. In Passau sehen Sie die größte Kirchenorgel der Welt. Und rund dreißig Kilometer dahinter Bayern, wo es am urwüchsigsten ist: hügelauf, hügelab entlang der Donau — Tannen und Pilze, Heidelbeeren und überlebensgroße Hirsche, Glashütten, Bauernhäuser um bucklige Innenhöfe gemauert — Hochmoore und Viadukte, den ersten Nationalpark Deutschlands mit Luchs und Wolf und Wisent: der Bayerische Wald.

Spätzle, Wein und Wunderkinder

»Mir hend nix gegen Bendestrich« (Wir haben nichts gegen den Bindestrich), beteuern die Württemberger unermüdlich und glaubhaft genug. Was sollten sie gegen stilistische Feinheiten haben? Kein deutsches Land ist dichterisch so dicht besät wie eben ihr obstbaumblühendes, mit Häusle, Gärtle und Spätzle gesegnetes. Wenn Württemberger sprechen, singen sie. Wenn sie schreiben, spielen sie artistisch mit Punkt und Komma, Semikolon und Bindestrich.

Nur die Badener, denen nach jahrhundertelanger Um-

30 Pf.

Horst Erdmann Verlag

7400 Tübingen

Hartmeyerstraße 117

Postfach 1380

armung Württembergs der rechte Arm manchmal ein bißchen einschläft und deshalb weniger nach Federkiel und Grammatik drängt: die Badener mögen ihn nicht so recht — diesen Bindestrich, der nach den 1951 erlassenen Bundesgesetzen und anschließender Volksabstimmung seit Mai 1952 Baden-Württemberg verknüpft. Ganz legitim mit Jawort. Aber Sie wissen ja, wie das mit Ehen ist. Besonders, wenn beide Partner so viel eigene Vergangenheit mitbringen ...

Und dabei sind sie das perfekte Paar: zwei Musterländer voller Sonne und Anmut; wehender Weizen über den Feldern; Kohl, Kopf an Kopf; die flatternden Ärmel der Vogelscheuchen über dem roten Regen der Kirschen; Kartoffelfeuer hinter kahlen Herbstfurchen und der beizende Geruch aus Tresterhaufen gepreßter Trauben hinter der Hausecke. Hühner vor allem. Sie brauchen Hühner, denn sie brauchen Eier. Und diese Eier finden sich in den blitzschnell vom Brett geschabten Teigspänen, den »Spätzle«, oder im dampfenden Zwiebelkuchen, in Klößen und Schupfnudeln und Eierhaber. Kurzum: Baden-Württembergs acht Millionen Einwohner hausen auf insgesamt 35 752 Quadratkilometer fruchtbaren Bodens, um ihre Hauptstadt Stuttgart herum und darinnen.

Selbst diese Hauptstadt nämlich, trotz 700 000 Großstädtern, eines prunkvoll langgestreckten Schlosses, des säulenbeflankten Königsbaues am Schloßplatz, trotz supermoderner Wasserfontänen im Schloßgarten, trotz Universität und Akademie der bildenden Künste, einer Sternwarte und des Stolzes, Mittelpunkt des süddeutschen Buchhandels zu sein — selbst diese Hauptstadt voller Bieneneifer hat es entsetzlich eilig, aus ihrem Talkessel mit vielerlei Treppchen namens »Stäffele« in allen vier Himmelsrichtungen emporzuklettern in die grünen Hänge: hinauf zum Ausstellungsgelände des Killesbergs, hinauf zum Botanischen Garten und Zoo »Wilhelma«, hinauf zum alles überragenden Fernsehturm und zur Rennstrecke der Solitude. Vor allem aber in die Weingärten, die Obsthaine, zwischen die hellen Villen und die Mäuerchen voller Kletterrosen. Wen wundert's da noch, daß Stuttgart die größte Landbaugemeinde der Bundesrepublik ist?

Und alle hießen sie Eberhard. All die württembergischen Grafen seit jenem Ulrich I., Reichsmarschall von Schwaben, der bei seinem Tod im Jahre 1265 den ersten der Eberhards als Erben zurückließ. Mit dem zweiten war nicht gut Kirschen essen. Jedenfalls nicht für den Schwäbischen Städtebund, der 1376 unter Führung Ulms 14 schwäbische Reichsstädte zur Eigenmächtigkeit ermunterte, was Kaiser Karl IV. schon nicht gefiel, von König Wenzel zähneknirschend hingenommen, aber von Graf Eberhard II. 1388 bei Döffingen ziemlich handgreiflich unterbunden wurde.

Da war der Schwäbische Bund, der über hundert Jahre später von den Reichsständen zur Wahrung des Landesfriedens gegründet wurde, doch ganz was anderes. Kaiser Maximilian I. jedenfalls war sehr zufrieden; dieser Bund hatte sich's zur Aufgabe gemacht, die habsburgische Politik zu unterstützen und jeden Raubritter aufs Haupt zu schlagen.

Schwaben: einst, im 3. Jahrhundert, nichts anderes als der zwischen Rhein, Neckar und Donau eingewanderte Germanenstamm der Sueven und heute nichts anderes als ein bayerischer Regierungsbezirk. Die Allgäuer Alpen durchziehen ihn. Und die Donau tut's. Der Rest ist Schweigen. Das heißt, Baden-Württemberg.

Dennoch ist es in Deutschland zur lieben Gewohnheit geworden, alles so recht von Herzen schwäbisch zu finden, was pfiffig, emsig oder auch nur derb-komisch ist. Da gibt's in fein satirischem Latein die Erstfassung der Schauermär von den »Sieben Schwaben«, einst im 15. Jahrhundert nicht etwa in Württemberg, sondern am Tegernsee entstanden. Da gibt's den »Blitzschwab«, den listenreichen. Und den Folkloresong von der »Schwäbischen Eisenboh«, den sich die Württemberger mitsamt dem hinter dem Zug trabenden Ziegenbock in edler Selbstironie zusammenreimten ...

Doch die blanke Ehrfurcht überkommt den verstummten Spötter in Ludwigsburg, etwa 16 Kilometer nördlich von Stuttgart. Dort prangt nicht nur das größte deutsche Barockschloß mit heller Fassade, Gemäldegalerie und Kunstschätzen. Dort zieht nicht nur unter gigantischen Buchen und Kastanien die alljährliche Blumenschau »Blühendes Barock« magisch die Besucher an. Dort gibt's nicht nur das Seeschloß Monrepos und Schloß Favorite in einem ausgedehnten Park. Sondern da finden sich rings um den alten Marktplatz gleich drei Geburtshäuser berühmter deutscher Dichter: das von Eduard Mörike (1804—75), von Justinus Kerner (1786—1862), nicht minder lyrisch als Mörike, doch 1829 nach jahrelanger Beobachtung der Kaufmannsfrau Friederike Hauffe und ihrer spiritistischen Talente mit einem Werk ganz anderer Art an die Öffentlichkeit getreten. Der Titel hieß »Die Seherin von Prevorst«. Friedrich Theodor Vischer dagegen, 1807 in Ludwigsburg geboren, war ein Ästhetiker urwüchsiger Art. Sein Hauptwerk waren sechs Bände »Ästhetik oder Wissenschaft des Schönen«.

Sie studierten in Tübingen, genau wie der dort gebürtige

Ludwig Uhland (1787—1862), Dichter und Germanist und ab 1829 Professor für Sprachen und Literatur, der als Delegierter der Ständekammer bei der Nationalversammlung in der Frankfurter Paulskirche folgenden Ausspruch tat: »Es wird kein Haupt über Deutschland leuchten, das nicht mit einem vollen Tropfen demokratischen Öls gesalbt ist.«

Das demokratische Haupt, das da leuchten sollte, wurde 1884 in Brackenheim geboren, studierte Kunstgeschichte und Staatswissenschaften, wurde Politiker und am 12. September 1949 der erste Bundespräsident der Bundesrepublik Deutschland: Theodor Heuss, auch er Württemberger.

Der Theologe und Schriftsteller Wilhelm Hauff (1802 bis 1827), der mit 25 Jahren starb, hinterließ der Nachwelt unter anderem das mehrfach verfilmte »Wirtshaus im Spessart« und den Roman »Jud Süß«. Unvergessen sind auch seine Märchen. Er stammte aus Stuttgart.

Und dann natürlich Friedrich von Schiller, 1759 in Marbach geboren und am 9. Mai 1805 in Goethes Stadt Weimar an chronischer Rippenfellentzündung gestorben. Sein Vater Johann Caspar Schiller, Wundarzt und Hauptmann unter Herzog Karl Eugen, ließ ihn Jura studieren. Sohn Friedrich sattelte um zur Medizin. Doch als Feldmedicus des Herzogs fühlte er sich völlig ungeeignet. Sein letztes Studienjahr hatte er damit zugebracht, als erstes Drama »Die Räuber« zu schreiben. In Mannheim wollte man's aufführen. Doch der Herzog verbot, ins »kurpfälzische Ausland« zu reisen. Und so ergriff Schiller 1782 nach zwei heimlichen Mannheimbesuchen und dem dafür eingeheimsten Arrest die Flucht.

Der letzte im Bukett der Großen: Georg Wilhelm Friedrich Hegel, 1770 in Stuttgart geboren, Student der Phi-

losophie und Theologie am Tübinger Stift, Professor in Jena, Heidelberg und Berlin und Verfasser der 1807 in Jena erschienenen Abhandlung »Phänomenologie des Geistes«. Kein deutscher Philosoph hat das Denken — und nicht nur in Europa — so sehr beeinflußt wie Hegel. Diese geistige Produktivität muß wohl ein bißchen an der Landschaft liegen. Und ein bißchen am Klima. Als die Statistik 1971 die Sonne über Deutschland addierte, hatte Baden-Württemberg wie alljährlich den Löwenanteil erwischt. Und allen anderen Städten voran lag Freiburg im Breisgau mit 2000 Sonnenstunden im Jahr. Die alte Universitätsstadt mit den Spielzeuggäßchen, dem 116 Meter hohen Turm in filigraner Gotik, einer Franziskanerkirche mit altem Kreuzgang und einer Seilschwebebahn auf den 1284 Meter hohen Gipfel des Schauinsland, die den Rundblick über Schwarzwald, Rheinebene, Alpen und Vogesen ermöglicht — Freiburg braucht so viel Licht für seine Studenten und den ringsum reifenden Breisgauer Wein. Leider ließ sich nicht ermitteln, wieviel Erleuchtung jährlich dem in Karlsruhe waltenden Bundesgerichtshof zuteil wird.

Beide, Freiburg und Karlsruhe, sind Schwarzwaldaußenseiter, Freiburg im Süden Badens, Karlsruhe im Norden. Näher an der französischen Grenze schmiegt sich Baden-Baden mit seinen schon zu Römerzeiten entdeckten Thermen unter der Schloßruine Hohenbaden an die Ufer des Flüßchens Oos. Hier verheiratete noch im vorigen Jahrhundert der kurende Adel seine mitgebrachten Töchter, hier spielt man in der schönsten Spielbank der Welt Roulette, hier pilgert man begeistert zu den internationalen Pferderennen in Iffezheim. Und gibt sich schon ein bißchen elsässisch. Die herzliche Frage: »Häsch du no toutes les tasses dans l'armoire?« bestätigt es.

Im übrigen besteht der Schwarzwald aus Tannen, niedlichen Luftkurorten, Skipisten, der höchsten Schwarzwalderhebung mit 1 493 Meter, dem Feldberg, einer zwischen ihr und dem Schauinsland aufragenden Paßhöhe des schreckensvollen Namens Notschrei, aus Holzfassaden und tiefgezogenen Schutendächern, der in tiefer Schlucht ratternden Höllentalbahn gleich hinter dem Wintersportparadies Hinterzarten und dem Titisee, aus Mädchen in schwarz gemiederter Sonntagstracht mit roten Wollknäueln auf den Hüten, aus kreisenden Bussarden, Hirsch und Reh. Ein wildromantischer Schluchsee. Eine Benediktinerabtei aus Karolingerzeiten in St. Blasien. Und dann durch den Hotzenwald hinab zum Rhein und entlang der Schweizer Grenze an jenen größten aller deutschen Seen, den man darum auch »Schwäbisches Meer« nannte: den Bodensee. Die Österreicher und Schweizer hören nicht gern vom Schwäbischen Meer. Schließlich ist das nordöstliche Seeufer österreichisch, und am Südwestufer verlangen Schweizer Grenzhüter von Rorschach bis Kreuzlingen nach Ihrem Paß.

Jedes Lexikon berichtet fröstelnd und freimütig, hier handele es sich um einen eiszeitlichen Gletschersee von schauerlichen 252 Meter Tiefe, 538,5 Quadratkilometer Fläche, 72 Kilometer Länge und 14 Kilometer in der Breite, durchflossen vom Rhein, der den Ober- und den Untersee verbinde.

Und just in diesen ragt mit einem Münsterturm aus dem 11. Jahrhundert, seinem alten Kornspeicher, seiner jungen Universität und seiner feurigen Vergangenheit auf schmalem Landgürtel Konstanz hinein und lächelt über den Rhein, als sei nichts gewesen: kein Konstanzer Konzil also, kein 6. Juli 1415. An diesem Tag brannte in Konstanz der Scheiterhaufen für Johannes Hus, den tschechischen Theologen aus Prag, der dort als Professor den Studenten die reformistische Lehre Wiclifs vortrug, 1410 exkommuniziert und schließlich vor das Konstanzer Konzil geladen wurde, um seine Ansichten zu widerrufen. Er tat es nicht, sondern zog es vor, als Häretiker zu brennen.

Das hindert die Magnolien nicht, ihre lila geflammten Kelche wie Porzellanblüten unter die milde Frühlingssonne des Gletschersees zu recken und an der Lindauer Hafeneinfahrt verdutzt den bayerischen Löwen am Schwäbischen Meer zu entdecken. Das hindert niemand daran, auf der Tropeninsel Mainau des Grafen Bernadotte zwischen Zitronen und Zypressen, Treppen, Mäuerchen und Rosen die südlichste aller Gletschervegetationen zu bestaunen oder auf der Fischerinsel Reichenau über Reusen und Kürbisranken, Eidechsen und brütende Wasservögel im Schilf zu stolpern.

Oder droben im Schloß Meersburg versonnen am Fenster der Bibliothek von einst zu stehen. Einst? Es war im Frühjahr 1842, als Annette von Droste-Hülshoff, die westfälische Lyrikerin, aus einem dieser Fenster hinabblickte auf einen blau gekräuselten Bodensee. Annette von Droste-Hülshoff, bereits Mitte Vierzig, und neben ihr Levin Schücking, der Bibliothekar, siebzehn Jahre jünger als sie.

Frühling am Bodensee, spät und kurz. Annette vergaß zu hüsteln und verschob ihren Tod. Sie starb sechs Jahre später bei Münster, verlassen und diesmal gern.

Warum ist es am Rhein so schön?

»Zuweilen ist ein Räuschelein über deinen Knecht gekommen, o Herr«, gestand der fromme Augustinus dereinst beschwipst seinem Tagebuch. Manch einer mag, wie er, dem Geheimnis dicht auf der Spur gewesen sein, bevor ihm jäh Sankt Säusel die erfolgversprechende Fährte mit angenehmen Schleiern verstellte und er nur noch beseligt vor sich hin summte: »O du wunderschöner deutscher Rhein.«
Wunderschön kann er sich sicher nennen entlang seiner deutschen Ufer, was ihm auch schon der römische Dich-

ter Decimus Magnus Ausonius mit den Worten »pulcherrimus Rhenus« zugestand. Aber wie die Schöne am Abend mit dem nahezu perfekten Make-up, die ihre Verehrer anlockt wie — na, eben der Rhein —, braucht er dazu eine gehörige Portion Vorbereitung. Und die findet freilich nicht auf deutschem Boden statt.
Das beginnt in den eisigen Hochgebirgen des Schweizer Kantons Graubünden, wo der Rhein noch nicht einmal eine ordentliche Quelle aufzuweisen hat, sondern aus Gletscherwassern und Schneefeldern seine ersten Tropfen bezieht. Die ersten Kilometer seines insgesamt 1 236 Kilometer langen Weges bis zum Zusammentreffen mit dem Atlantik legt er noch in doppelter Ausführung zurück: die ungleichen Rhein-brothers, der Vorder- und Hinterrhein, die sich bei Chur vereinen, jäh 45 Meter breit und ab sofort nur noch der Rhein. Noch mehrfach freilich wechselt der junge Herr seine Staatsbürgerschaft, tauscht den Schweizer Paß ein Stück Weges gegen den Liechtensteiner ein, tut sich ein wenig in Österreich um, taucht dann kopfüber in den Bodensee und versucht sich als Deutscher. Verabschiedet sich einstweilen wieder und kehrt zurück ins Eidgenössische. Was jedoch — bei Schaffhausen — zu einem gewaltigen »Rheinfall« wird. Er wendet sich nach Frankreich, tastet sich vorsichtig immer an der Grenze entlang, und bald hinter Straßburg bekennt er sich 867 Kilometer lang zu Deutschland.
Was sein Schaden nicht sein soll. Schon im 2. Jahrhundert nach Christus brachten die Römer, damit ihre Römer nicht leerstanden, nebst eroberungslüsternen Lanzen die Rebe mit, bauten sie die Hänge empor und wären sicher erstaunt gewesen, daß sie sich haltbarer zeigte als der Limes.
Jedenfalls: Tante grazie, Roma. Im Badener Land, am

heißen Kaiserstuhl im Breisgau, in der Pfalz, in Rheinhessen: überall stehen die freundlichsten Denkmäler in Gestalt von kerzengeraden Reben-Kavalieren, das Rückgrat gestärkt durch Holzpfähle und die Brust geschmückt mit blauen Traubenorden, die felsigen Hänge hinauf und hinab. Und drunten in den Weindörfern die blitzenden Flaschen mit verführerischen Etiketten: Fahrscheine für den direkten Weg ins Land der Träume.
Die kostbarsten Weingefäße freilich liegen in Speyer, gleich neben den Gruften von acht deutschen Kaisern, im Weinmuseum. Sie wurden, jetzt mehr als 1 800 Jahre alt, im Grab eines römischen Legionärs entdeckt.
Flußab denn und ein Abstecher nach rechts: Frankfurt voraus, freilich kein Rhein-Kontakt, es fehlen etliche Kilometer. Was macht's schon? Der Main fließt vorbei, ein direkter Verbindungsmann, und Römisches, bitteschön, ist allemal vorhanden. Wie es der Name schon sagt: der Römer, 1405 einem nach Rom wallfahrenden Bürger von der Stadt abgekauft und im Laufe der Jahre vollgesogen mit Historie. 52 deutsche Kaiser stehen steinern und überlebensgroß im Kaisersaal, die meisten von ihnen im Kaiserdom gewählt und gekrönt.
Waren das Zeiten: knapp wurde Frankfurt, einst unleugbar die Metropole der deutschen Nation, von Bonn als bundesdeutsche Nachkriegshauptstadt überrundet. Und dennoch: der verkehrsreichste Flugplatz Europas, die größte Börse der Bundesrepublik — Frankfurt hat's. Und die Zeil dazu, eine Einkaufsparadiesstraße, die jede 100. in Deutschland ausgegebene D-Mark verschluckt. Wiederum auch, im Stadtteil Sachsenhausen, den »Äppelwoi« seit altersher und noch ungemein Älteres — das 20 Meter lange Skelett einer Donnerechse im Naturkundemuseum, 90 Millionen Jahre alt immerhin.

Doch zurück zum Rhein: zwischen Mainz und Koblenz, möchte man meinen, fließt plötzlich Spiritus in seinem Bett statt schnöden Wassers. Hier hat der Rhein Konjunktur, seitdem die Engländer ab dem 18. Jahrhundert in hellen Scharen herbeifluteten und die preußischen Kanzleibeamten über dem Ausstellen der Reisepässe kaum Zeit fanden, eine Prise Tabak zu schnupfen. Sie alle wollten nur das eine: das romantische Teilstück des Rheins sehen, den schon der Franzose Victor Hugo lobpries: er sei so geschichtlich wie der Tiber, königlich wie die Donau, geheimnisvoll wie der Nil und legendenumrankt wie ein Strom Asiens.

Da drängt sich der mächtige Strom in einer engen Schlucht zusammen, brodelt mächtige Rufe zu den Burgen, Schlössern und Ruinen empor, die die Weinwälder die Hänge empor begrenzen, und läßt kaum Platz für all die schiefergrauen Ortschaften, die zum Großteil aus Weinwirtschaften bestehen, mit weinumlaubten, tuffsteinernen Grotten, Lampions und liedervollen Zechern aller Nationen. Mitunter gar gehen Gottes- und Gasthaus eine fröhliche Gemeinschaft ein. So gibt es schon seit Jahrhunderten bei St. Goarshausen eine Kirche, die den Wirt »Zur Traube« zum Untermieter hatte. Die günstige Partnerschaft hatte sich ein frommer Trierer Stiftsherr einfallen lassen, noch heute wird sie weitergeführt.

Da gibt es die Sage von der Burg Reichenstein, wo einst ein rabiater Raubritter mit seinen neun Söhnen ehrbare Kaufleute tyrannisierte, ausgehungert wurde und samt der Nachkommenschaft zum Tode verurteilt ward. Er bat den Kaiser um Gnade für die Söhne. Die wurde all denen verheißen, an denen er, schon geköpft, noch aufrecht entlangzuschreiten vermöchte. Das Wunder geschah: nach dem scharfen Schlag richtete sich sein greiser Körper noch einmal auf und schritt kerzengerade die Reihe seiner Söhne ab, bis er beim Jüngsten leblos zu Boden fiel.

Da gibt es das gewaltige Denkmal der rundlichen Germania, über 12 Meter hoch, bei Rüdesheim, das außerdem die Drosselgasse sein eigen nennt, bei weitem das populärste Straßenstück Deutschlands, gasthofgesäumt, nicht mehr als 200 Meter lang und dennoch Jahr für Jahr von fast 3 Millionen Passanten durchlaufen.

Da gibt es den überlieferten Ausspruch eines deutschen Kaisers, der nach der Rheinfahrt notierte: »All die göttlichen Burgen und Berge und Strömungen: Ich war matt vor Seligkeit.«

Da gibt es die Loreley, den Felsvorsprung bei St. Goarshausen, der zwar auf seinem Haupt statt des heftig geforderten Denkmals nur einen entehrenden Cola-Automaten trägt und dennoch inmitten all der sagenvollen Berge mit ihren Burgen der populärste ist. Dank Clemens Brentano, Heinrich Heine und dem Komponisten Friedrich Silcher, der Brentanos Märchen und Heines Gedicht in Töne faßte, die lange vor der Lili Marleen zum deutschen Weltschlager wurden: »Ich weiß nicht, was soll es bedeuten, daß ich so traurig bin ...« Was einen so ironischen Kopf wie Erich Kästner zu den Versen animierte:

»Die Loreley, bekannt als Fee und Felsen,
ist jener Fleck am Rhein nicht weit von Bingen,
wo früher Schiffer mit verdrehten Hälsen,
von blonden Haaren schwärmend, untergingen.
Wir wandeln uns. Die Schiffer inbegriffen.
Der Rhein ist reguliert und eingedämmt.

Die Zeit vergeht. Man stirbt nicht mehr beim Schiffen, bloß weil ein blondes Weib sich dauernd kämmt.«
Der Rhein fließt weiter, und weiter sprießt der Wein. Der nach Erfahrungen von Stefan Andres nur dieses Manko hat: »Er kitzelt zuerst die Zunge und dann das Herz. Sein Nachteil ist: er macht lange Nächte.«
Und wenn auch der Kölner Kurfürst und Erzbischof Maximilian Franz an seine Mutter, die Kaiserin Maria Theresia, übermittelte: »Die Leute hier wollen locker regieret sein«, locker lassen sie nicht: Der Rhein soll, so ist es in Übereinkunft mit den Touristen ausgemacht, Deutschlands Zierde bleiben, die sich gerade im Herbst von der farbigsten Seite zeigt. Wenn die Weinberge rot und tiefviolett leuchten, die Laubwälder in der Nachbarschaft ähnliche Töne annehmen, in hundert Orten die Winzer ihre Feste feiern und der Rhein beim Abschied der Sonne so glänzt, als brächen sich die Strahlen im güldenen Reichtum des Nibelungenschatzes, der der Sage nach irgendwo in den Strom geworfen wurde. Obwohl hier eher der Ölschlamm sein Quartier hat — an manchen Stellen bis zu 40 Zentimeter dick.
Um so leichter und heiterer bleibt der Mensch: sei es der Reisende für einen Tag, der sich im blitzendweißen Dampfschiff über die Untiefen tragen läßt und dem unbekannten Genossen auf der Gegenkurs-Dschunke so begeistert per Taschentuch zuwinkt, als wär's sein leibhaftiger Bruder; sei es der eingeborene Winzer, der freilich Arbeit und Mühe genug an seinen Weinberg wenden muß, bevor ihm die Trauben reifen.
Und seine Heiterkeit setzt sich gar fort, wo der Rhein wieder breiter wird und den Weinsaum aufgibt: Koblenz, wo ihm die Mosel zufällt und die mächtige Festung Ehrenbreitstein von den Hängen droht; die Bundes-

Kölner Dom
Christus im
Chor.

hauptstadt Bonn, in der einst Beethoven seine Sinfonien schrieb und heute die Opposition den Regierenden manchen Marsch bläst; Köln schließlich, wo der amerikanische Präsident John F. Kennedy das karnevalsbeseelte »Alaaf« ausstieß und die Domstädter begeisterte, als sei er der neugewählte Faschingsprinz.

Da hat zwar der Rhein noch nicht seinen Geist aufgegeben, aber der Rebstock, sein getreuer Vasall, schon schlappgemacht. Da wird statt des Rebentrunkes Gerstensaft eingeschenkt: Bier vom »Köbes«, wie hier die Kellner gerufen werden, die auch den »Halven Hahn« servieren, das Brötchen mit einer goldenen Senfschicht überm gewellten Käse, der fast so alt sein muß wie der Kölner Dom, an dem schließlich Jahrhunderte gebaut wurde. Und Düsseldorf ist nicht weit, wo — wie in Köln das Eau de Cologne — das »Alt«, eine der vielen Variationen deutschen Bieres, den Stromesfluten Konkurrenz macht.

Und immer behäbiger wird Vater Rhein; immer gemütlicher, immer bauchiger und breiter. Entlang Duisburg mit Europas größtem Binnenhafen, Kokereien, Eisenwerken und Zechen, die allerhand Abfluß haben und ihn zum Schmuddelkind degradieren, hinein in die niederrheinische Landschaft, bevor er sich in Richtung Niederlande empfiehlt.

Vorbei an Xanten schließlich, woher der erste populäre Rheintourist kam: Jung-Siegfried, der im Siebengebirge den Drachen tötete und fast unsterblich geworden wäre, wenn er nicht beim Baden im Drachenblut das tückische Lindenblatt übersehen hätte, so daß der falsche Hagen ihm den Speer in die Schulter jagen konnte. Sonst lebte er womöglich heute noch — als Kneipenwirt am Drachenfels.

Es strömt der Strom, die Dichter dichten…

Trauben in goldgeädertem Laub. Reben, halsbrecherisch über Fels balancierend. Kleine, eng gedrängte, grüne Beeren, gläsern um ihre fünf dunklen Kerne geschlossen. Und die Drossel hoch droben im Heckenweg spottet über die Vogelscheuchen, die flatternden Ärmels den Weinberg bewachen.

Dunkel der Strom. La Moselle, die Mosel — nicht mehr als ein springlebendiger Gebirgsbach, wo sie zu Füßen des Drumont am Westhang der Vogesen ihren Lauf beginnt, doch schon in der lothringischen Hochebene 100 bis 150 Meter breit, in Konz noch um die Saar bereichert und mit all dieser Wasserfülle schließlich auf deutschem Boden in ein romantisch schmales Bett von 60 bis 80 Meter Enge gezwängt.

Dort schäumte sie dahin, schnitt sich in wilden Durchbrüchen in die Tertiärschichten des Rheinischen Schiefergebirges ein, jahrtausendelang seit Beginn der Eiszeit, den Hunsrück rechts, die Eifel links. Bären stapften und Wölfe heulten über die Moselhöhen, und unten wand sich der Fluß in mäandrischen Krümmungen, in tollkühnen Schleifen sich selbst begegnend — 278 Kilometer lang, geradlinig gemessen, doch mit allen Windungen 550 Kilometer, also fast doppelt soviel.

Zu Beginn der Bronzezeit kamen die keltischen Treverer die Mosel herabgewandert, den Speer im Gepäck und die Kühe vorweg: Jäger, Viehzüchter, Biertrinker, und sie rodeten die Wälder und bauten rätselhafte Ringwälle zwischen Mosel und Nahe auf die Buckel des Hunsrücks. Man weiß bis heute nicht, warum: war's Religion, war's Schutzmaßnahme?

Die Kelten waren seltsame Leute mit weichen Gesichtern und wilden Sitten, stämmig, weizenblond und mit blauen Augen. Und die rissen sie tief verwundert auf, als irgendwann so zwischen 58 und 51 v. Chr. die ersten Touristen auf Kähnen über die Mosel anreisten, um in Julius Cäsars Auftrag Gallien zu erobern: schwarzlokkige dunkle Römer. Sie hatten Fässer mit einem seltsamen Getränk an Bord, das sie »vinum« nannten, und sie brachten Pflänzlinge mit, die sie hoffnungsfroh den steinigen Südhängen des Flusses überließen, und siehe da: ihr Wein gedieh.

Bis sich Kelten und Germanen vom ersten Schreck erholten und die Mistgabeln aufrüsteten, um die Fremdlinge aufs Haupt zu schlagen, waren längst 120 Jahre die Mosel hinab in den Rhein geflossen. Dort am Zusammenfluß (ad confluentes) lag seit 7 v. Chr. der Ursprung dessen, was heute, stolz überkront von der Feste Ehrenbreitstein, Koblenz heißt. Und 192 Kilometer weiter oberhalb hatte 15 n. Chr. Kaiser Augustus hurtig ein Gegenstück dazu gegründet: Augusta Treverorum, das heutige Trier.

Just dort, wo heute der entzückte Blick über die gegenüber ansteigenden Rebenhänge des »Trittenheimer Altärchen« wandert, in Riol, das einst Rigodulum hieß — just dort rasselten 70 n. Chr. die Schwerter zugunsten Roms. Fast zweihundert Jahre verstrichen in Eintracht. Blonde »Römer« und dunkelhäutige »Kelten« kündeten sichtbar davon, und Weinschiffe in anmutigen Gondelformen rangen sich, beladen mit Fässern, flußabwärts.

Kein Moselbesucher heute, der nicht tief versonnen im Baumschatten der alten Neumagener Kapelle um die steinerne Barke des berühmten »Neumagener Weinschiffs« wandert, das dort als Nachbildung steht. Das Original, 1878 aufgefunden, brachte man sicherheitshalber im Rheinischen Landesmuseum in Trier in Gewahrsam. Wie dem auch sei: aus dem gemeißelten Lächeln der Weinschiffer strahlt unerschöpfliche Lebensfülle ...

Und dann die Franken. Und dann die Hunnen, Attila voran. Und jedesmal fiel Trier und stand wieder auf: einmal Teil des Frankenreichs, inzwischen christianisiert, dann deutsch und seit dem 12. Jahrhundert Erzbischofssitz. Kurtrier entstand. 800 Jahre lang regierte der geistliche Feudalstaat, bis Burgen und Schlösser im Dreißigjährigen Krieg in Flammen standen. Den Rest besorgte der Ansturm der französischen Revolutionsarmee. Herrje, diese Mosel: französisch, dann preußisch, nach bei-

den Weltkriegen französisch besetzt — und eine zauberhafte Landschaft, um Fährten zu lesen. Keltische Wälle, römische Badehäuser, Ritterburgen und Klöster. Familien, in denen heute ein semmelblondes Keltenknäblein in der Wiege strampelt, geschaukelt vom Schwesterchen mit dem römischen Profil und gerührt betrachtet von Mama mit den schmalen, fahlen, fränkischen Wangen.
Die Mischung ist gut und bunt, ein köstliches Völkergewirr zwischen rauhem Hunsrück und den gespenstischen Maaren der Eifel. Mosel und Wein waren es, die sie verbrüderten: jahrhundertelang die Angst vor den Überschwemmungen und der Kampf gegen Wald und Fels, jedem Quadratmeter Rebhang zuliebe.
»Echt« ist seither jeder Moselaner, besonders typisch allerdings einer, der Jean heißt, zärtlich verkleinert zum »Schängelche«. In Koblenz setzte man ihm in einem Winkel des Rathausplatzes ein vergnügtes Denkmal. Dort verkörpert ein wasserprustendes Brunnenbübchen gleichen Namens für 110 000 Koblenzer den Inbegriff moselländischen Charmes. Und kaum zweihundert Meter von diesem »Cowelenzer Schängelche« entfernt, umwehen Fahnen die gelbe Landzunge des »Deutschen Ecks« und den gigantisch-grauen Sockel, auf dem einst Kaiser Wilhelm I. als Denkmal ritt, geleitet von der Siegesgöttin.
Im gleichen Koblenz die 836 gegründete, später vielfach umgebaute Pfeilerbasilika von St. Kastor, in der man ehedem die Dreiteilung des Karolingerreiches beschloß. Und ein kurfürstliches Schloß hinter rötlichen Säulen. Und hoch darüber Ehrenbreitstein, die Felsenfestung, die Kaiser Heinrich II. den Trierer Erzbischöfen mitsamt der Stadt Koblenz zum Geschenk machte.
Bei aller Grazie ihrer Schwünge und Hügelketten: so viel

Vergangenheit lehrte die Mosel, wachsam zu sein. Burgen aus felsrauhem Schiefer starren unverwandt herab, sei's die Burg Thurant, auf der Kaiser Otto höchstselbst über den Weinort Alken residierte, sei's die wohlerhaltene Reichsburg von Cochem, die von Schlingkraut sanft umsponnene Ruine Metternich aus dem Jahr 1200 (benannt nach ihren Besitzern im 17. Jahrhundert, den Freiherren von Metternich), die hoch über dem übereinander gestapelten Spielzeugdörfchen Beilstein thront, die trutzige Marienburg über Alf, die hohläugige Fassade der Grevinburg über Traben-Trarbach oder gegenüber auf der flachen Kuppe des Mont Royal das Riesengrab der geschleiften Festung des Sonnenkönigs Ludwig XIV....

Mag sein, daß sie dem Frieden noch heute nicht trauen — ungeachtet des friedvollen Anblicks schwarzer Schleppkähne und weißer Passagierschiffe, die drunten vorüberziehen, seit 1964 durch ein Dutzend Schleusen gehievt, die geschickt die 90 Meter Höhenunterschied von Koblenz bis Trier bewältigen. Ganz plötzlich, nach vollbrachter Tat, verstummte der Protest der Romantiker gegen die Kanalisierung der deutschen Anschlußstrecke zwischen Lothringen, Saarland, Luxemburg und dem Ruhrgebiet: die seichten Ufer waren ausgebaggert, die Sumpfmücken verbannt, die Überschwemmungsgefahr beseitigt ...

Und die Dichter haben immer noch recht. Angefangen beim Prinzenerzieher Ausonius am Kaiserhof in Trier im 4. nachchristlichen Jahrhundert, der in artigem Latein schwärmte: »Singen will ich dich, glücklicher Fluß, der durch grüne Gefilde freudig wallt ...« Und fortgesetzt über die Moselsänger: Rudolf Binding, der 1932 seine »Moselfahrt aus Liebeskummer« ersann, über Carl

Zuckmayer und seinen »Fröhlichen Weinberg«, der in Beilstein verfilmt wurde — vor allem aber über Stefan Andres, den Moselaner aus dem Kreis Trier. Die Schönheit dieser Heimat und die melancholische Heiterkeit ihrer Bewohner lebt in manchen seiner Werke.
Dort liegt sie, von Mai bis September von Touristenströmen durchpilgert, Lampions schaukeln in lauen Sommernächten vor putzig verschachteltem Fachwerk. Die Winzerdörfer überbieten sich an Weinfesten, und ganz plötzlich, eines fröstelnden Oktobertags, ist der Zauber vorbei.
Das ist der Tag, an dem es ernst wird an der Mosel. Der Weinberg, die letzten vierzehn Tage vor der Lese selbst für die Besitzer »off limits«, ist geöffnet. Da stehen vermummte Frauengestalten, Strickwesten über Schürzen und dicke lange Hosen gezerrt, und pflücken mit klammen Fingern die grünen Plastikkiepen voll. Und in den schmalen Parkspuren unter den prominent beschilderten Anbauflächen mit den schnurgeraden Rebsäumen steht Traktor an Traktor, halb und dreiviertel gefüllt.
In den Winzerkellern vergärt der Most, säuerlich duftend und leise in den Überlaufventilen brodelnd, bang in Öchsle gemessen: wie hoch ist seine natürliche Süße? Hat sich die Mühe für diesen Jahrgang gelohnt? Und der Mut, den eigenen Weinkeller zu betreten? Die Gase, die während des Gärungsprozesses den Fässern entströmen, verbrauchen den Sauerstoff im Raum. Und jeden Herbst bezahlen Winzer den Leichtsinn, ohne Begleitung nach ihrem Wein zu sehen, mit dem Erstickungstod.
So besehen, ist Wein wenig charmant. Auch wenn er später »Bernkasteler Doktor« heißt und sündhaft teuer auf der Tafel von Queen Elizabeth prangt ... Aber nur so besehen, begreift man die Andacht, mit der Moselaner

Im Weinberg.
Brunne

sich selbst an düsteren Herbstabenden zuprosten. Dieser süffige, ein wenig herbe, goldklare Riesling war durchaus kein leicht erbeutetes Geschenk. Sein Genuß ist eine ernste Sache, und man diskutiert sie, während Herbststürme über die Hügelkämme streichen. Die Fremden sind weg, die Welt ist fern, versunken hinter dem näher rückenden Horizont einer stachlig wirkenden Winterlandschaft aus grauen Rebstützen und dünnem Schnee ...

Flüchtige Betrachter schwören darauf: nie ist ihnen je zuvor solch märchenhafte Puppenstubenwelt begegnet. Sie reimt sich zusammen aus dunkelbraunem Fachwerkgebälk und schlohweißen Hauswänden, in Beilstein als entzückendes Puzzlespiel über Winkelchen und Treppchen, Tresterhaufen und Torbögen, Gartenzwerge und Wäscheleinen, Weinlauben voller Gesang und bröckelnde Mäuerchen getürmt. In Ürzig ist es das drollig windschiefe Rathaus von 1588 und die Wendeltreppe hinab in den Keller, wo »Ürziger Würzgarten« und »Ürziger Schwarzlay« für moselmuntere Laune sorgen. An Krövs Uferpromenade ist es das possierliche Dreigiebelhaus, rechts und links von zwei Zwergendächern flankiert, oder in Bernkastel das klitzeklein mit 2,20 Meter Breite am Rathaus vorüberäugende Spritzenhäuschen, vor dem die Filmkameras wie von Zauberhand zu schnurren beginnen, besonders heftig in dem Moment, wo an der Rathausmauer ein Paar dräuender Handschellen sichtbar wird. Daneben die fürchterliche Inschrift: »Burgerlige Zuchtigung. Hochgerichtlige Straff.« Und dann das geraniengeschmückte, rings um den Rathausplatz versammelte Mittelalter.

Wieviel mehr diese Mosel bietet, erkennt man auf den zweiten Blick, kaum hat man in Bernkastel die Moselbrücke nach Kues überschritten. Denn dort liegt, eingebettet in einen niederen Park, jenes fünfhundertjährige Cusanusstift, das der erste deutsche Kardinal, Nikolaus von Cues, um 1450 für 10 000 Goldgulden erbauen ließ. Seither wurde sein Wunsch, hier ständig 33 aus verschiedensten Berufsschichten stammende und unverschuldet in Not geratene Männer auf Lebzeit zu versorgen, getreulich beherzigt. Ihre Zimmer liegen durch hallende Klostergänge von einem romantischen Innenhof entfernt. Im ersten Stock, von der Hand des Prälaten sorgsam verschlossen, die Stiftsbibliothek. Ihr Wert ist so unermeßlich, daß man nicht wagte, elektrisches Licht in diesen Raum zu legen, in dem die alten Folianten aus allen Wissensbereichen schlummern, darunter allein 315 Handschriften auf dickem Pergament, an brüchig gewordenen Stellen nicht etwa geklebt, sondern in zierlichen Blütenmustern überstickt.

In einer Glasvitrine ein Torquetum von 1444, ein Astrolabium aus dem 13. Jahrhundert und ein Globus aus dem 14. Jahrhundert — Instrumente, die der geistliche Moselschiffersohn Nikolaus von Cues perfekt handhabte. Er bereicherte die Astronomie durch Erkenntnisse, die erst zwei Jahrhunderte später von Galilei gelehrt wurden. In der gotischen, von einem einzigen auseinanderstrebenden Rotsandsteinpfeiler getragenen Kapelle liegt unter einer Messingplatte im Boden das Herz des berühmtesten Bürgers von Kues begraben.

Wer nun schon auf dem Wege des Staunens ist, der steht ziemlich fassungslos in Deutschlands ältester Stadt: Trier, heute 108 000 Einwohner stark, vor der mächtigen, geschwärzten Torburg jener Porta Nigra, die einst Porta Martis hieß, aus weißem Sandstein errichtet wurde und nur eines von vier römischen Stadttoren war. Erbaut wurde sie von Konstantin, der von 306—312 in Trier lebte. Unerklärlich, wie man die Bauquader, jeder zwischen 20 und 30 Zentner schwer, dort hinaufwuchtete und nahtlos ohne Mörtel aufeinanderschichtete. Direkt an die Porta geschmiegt der von Kreuzgängen umringte Innenhof des Simeonstifts aus dem 11. Jahrhundert. Fontänen plätschern. Kaffeegäste sonnen sich auf Boulevardstühlchen. Und nur wenige hundert Meter weiter scharen sich Baustile aller Epochen um das Trierer Marktkreuz, Symbol des um 958 verliehenen Marktrechtes. Gegenüber Deutschlands ältester Apotheke prangt auf rotem Sandstein die lateinische Inschrift: »Vor Rom bestand Trier schon 1300 Jahre ...«

Man weiß nicht recht, wieviel Wahres an dieser Behauptung ist, und wendet sich zum Domportal der ältesten Bischofskirche, unter deren Boden man ein Deckengemälde entdeckte, auf dem alle Frauenköpfe des Konstantin'schen Kaiserhauses verewigt sind. Die dazugehörigen Männerporträts werden noch fieberhaft gesucht.

Noch hundert Meter, und man steht vor jener Basilika, die einst die Römer ihrem Prokurator als Palast hinstellten: 30 Meter hoch, 67 Meter lang und 27 Meter breit und einigermaßen schmucklos. Darin gab es die beste Fußbodenheizung, die je ersonnen wurde. Die römischen Ingenieure hatten unglaubliche Einsichten in Wärmetechnik und Zirkulationsmethoden. Man merkt es wiederum in der grasüberwucherten Luxuswelt der Kaiserthermen, 5 Meter unter der Erde. Hygienekult aller Temperaturen: Warm- und Kaltbad und Sauna, all das mit fließendem Wasser versorgt und in riesigen Hohlblöcken beheizt.

Und zum Staunen tritt der Grusel, betritt man unterhalb des Petribergs die Katakomben des römischen Amphitheaters. Sitzreihen für 30 000 Zuschauer umrunden im Oval die dunklen Gewölbe. Und dort unten bleibt man wie angewachsen vor jenen beiden steinbeschwerten Aufzügen stehen, die einst die sorgsam in Käfigen ausgehungerten Raubkatzen ans Tageslicht hinaufbeförderten, wo die Gladiatoren ihnen bang in die grüngleißenden Augen blickten.

Auch das waren Moselabenteuer — meist mit tödlichem Ausgang . . .

Man nennt es »Pott«: das Ruhrgebiet

Am Anfang war die Gänsehaut. Ein Schweinehirt trug sie und bibberte, als die Herbstwinde kühl und rauh über die Höhen der Ruhr pfiffen, auf denen er sein Borstenvieh hütete und stillen Träumereien nachhing.
Was träumt wohl solch ein Schweinehirt? In dürren Worten: »Lausig kalt hier.« Dachte es und rannte umher, um Reisig für ein Feuerchen zu sammeln. Das brannte und wärmte, bis der Feierabend nahte. Da trieb er seine Schweine fröhlich zurück in den Koben. Und als er sie am Morgen wieder zurückführte, da glimmte und

glühte die Erde. Und wenn sie nicht erloschen wäre, glömme sie noch heute. Nie hat der arme Hirt erfahren, was er für die fröstelnde Menschheit getan hat.

Jedenfalls: der zitternde Knabe hatte die Kohle entdeckt — wenn ihm auch nie ein Denkmal gesetzt wurde und wenn's auch noch Jahrhunderte dauerte, ehe dieses heutige »Revier«, weder geschichtlich, landschaftlich noch politisch eine Einheit, aus dem Boden brach: der »Kohlenpott«, das Ruhrgebiet.

Sechs Millionen Menschen leben heute in diesem Raum, dessen Grenzen keiner exakt zu bestimmen vermag. Man wanderte der Kohle nach von der Ruhr bis hinter die Lippe, bis an den Rhein und über Dortmund hinaus. Paris mit all seinen Vororten hat etwa diesen Umfang.

Sechs Millionen Einwohner machen das Ruhrgebiet zum dichtestbevölkerten Fleck Europas. Jeder zehnte Bundesbürger wohnt hier. Jede vierte deutsche Großstadt ist hier unbemerkt herangewachsen. Für säuberliche Markierungen oder resolute Schlagbäume war kein Platz und keine Zeit. Die Kohle rief, und die Kohle war Geld.

Allen Ruhrstädten ist das gleiche Geschick vertraut: eine einzige ineinanderflutende Häusermenge und dennoch nicht mehr als ein Vorort zu sein. Die Hauptstadt liegt tausend Meter tiefer: Atlantis.

Vor 300 Millionen Jahren versanken die üppigen Sumpfwälder; Baumriesen, Saurier und vorsintflutliches Kleingetier wurden jäh in die Tiefe gerissen. Millionen von Jahren lagen sie gepreßt in ihrer heißen Gruft, bis sie zur Beute der Bergleute wurden. Mancher Kumpel entdeckt hier unter Tage Abdrücke von Kreaturen, deren Namen er kaum auszusprechen vermag, oder zier-

liche Blättersilhouetten im Gestein, und er schlägt sie behutsam aus der Tiefe und stellt sie voller Stolz in den Wandschrank: Geologe aus Finderglück und im Vollgefühl, dereinst als Erb-Ahn zu gelten.
Millionen von Jahren lag Atlantis unentdeckt, bis vor hundert Jahren Schächte getrieben wurden, die das »schwarze Gold« ans Tageslicht befördern sollten. Maschinen waren nötig; Menschen vor allem. Damals zählte Gelsenkirchen 600 Einwohner — ein Bauerndorf, in dem der Kohl auf den Feldern grünte, bevor die Kohle ihn vertrieb. Heute leben 350 000 Menschen inmitten der »tausend Feuer«, die nachts aus den Zechen und Stahlwerken flammen. Für Oberhausen, ein paar unauffällige Stadtgrenzen weiter, wurde neben einem Wasserschloß auf freiem Feld der Grundstein gelegt. Hundert Jahre später: 250 000 Einwohner.
Sie kamen aus dem Osten. Zweitgeborene, die nicht Knechte am väterlichen Hof sein wollten. Tagelöhner mit gekrümmten Rücken. Sie kamen aus Schlesien, Ostpreußen, aus Masuren, aus Polen und der Tschechoslowakei. Aus den Dörfern Westfalens. Und sie alle brachten ihre Familien mit, eine Ziege und eine unentwirrbare Sprachfülle. Sie wurden sich nicht nur ähnlich im Laufe der Generationen. Sie wurden vor allem immer mehr. Und alle folgten dem Ruf der Zechenherren und Werksinhaber: Krupp und Hoesch, Stinnes oder Thyssen.
Friedrich Grillo, dessen Name fortlebt in Straßenschildern, an Plätzen und Schulen, war einer der Imperatoren dieser jungen Ruhr. Der Kaufmannssohn ließ Zechen bauen, gründete innerhalb von acht Jahren sein gewaltiges Reich: Walzwerke, Kesselfabriken, Eisenhütten, Banken, Wasser-, Glas- und Gaswerke, chemi-

Bergarbeiter von
der Ruhr

sche Betriebe. Eine ganze Stadt baute er für seine Menschen, Häuser, Kirchen, das Hospital und die Schulen. Sein letztes Werk gab ihm die Ironie des Schicksals ein. Er plante eine Irrenanstalt für all diejenigen, die dem Tempo seiner Zeit nicht gewachsen wären. Da starb er selbst in geistiger Umnachtung in einer Heilanstalt . . .
Atlantis aber wuchs, und seine Vororte breiteten sich aus wie ein Feuerstrom. Zur Blütezeit des Ruhrgebiets waren es schließlich 140 Großzechen, dazu Eisenwerke. Und mehr als 40 Prozent der Arbeiter waren mit dem Abbau der Kohlenberge beschäftigt, fuhren hinab in kohleschwarzen Aufzügen und murmelten ihr beschwörendes »Glückauf«. Nach acht Stunden kamen sie zurück aus der heißen Unterwelt. Die schwarzen Ränder um ihre Augen wirkten wie Visitenkarten.
»Hier husten dich morgens die Vögel wach«, sagen diejenigen, die nicht hier geboren sind. Und den Mädchen bleibe der Lidstrich um die Augen erspart. Das besorge viel einfacher der Staub.
Die Städte gleichen einander wie Säuglinge auf der Kinderstation — schrieb Heinrich Böll, der Schriftsteller —, freilich nicht für die Mutter und nicht für den Einheimischen. Noch stehen die Siedlungen aus der Gründerzeit: zweistöckige, uniforme, graue Hütten. Handtuchschmal ihre Vorgärten, in denen die Stiefmütterchen blühen. Ein Kaninchenstall hinten im Hof. Wäschestangen, an denen graue Hemden flattern. Gleich um die Ecke beginnt die Zechenmauer.
Die Bergmänner haben ihre eigene Landschaftsvorstellung. Von jeder Wirtschaft könne man die nächste sehen, behaupten sie. Und dort trinken sie den Staub der Unterwelt mit einer »Lage« nieder: ein heller Schnaps und ein kaltes Bier. Und noch einmal das gleiche . . .

Und prompt entwickelten sich wieder andere Industrien: die Glasindustrie zum Beispiel: Flaschen, Einmachgläser, Gefäße, Biergläser — und jede zweite bundesdeutsche Fensterscheibe stammt aus dem Ruhrgebiet. Ein anderer Zweig: die Brauereien. Aus acht Dortmunder Bierbrauereien strömt ein Bierschwall, der jährlich 10 Millionen Gläser füllen würde. Ein Großteil davon bleibt gleich zu Hause: in 1 600 Wirtschaften der Stadt Zwei Generationen nur, und man hatte seine eigene Sprache. Nicht »hast du«, sondern »hasse«, nicht »weißt du«, sondern »weiße« — und haarsträubende Kombinationen entgegen aller grammatikalischen Überlieferung. Man fragt durchaus nicht »Arbeitest du?«, sondern langgezogen: »Bisse am Aabeiten?«

Der Schauspieler Jürgen von Manger hat es, sehr zum Leidwesen der Kumpel, aber sehr zum Entzücken der ganzen Bundesrepublik, den Ruhrpottlern abgelauscht. Ihre Kontaktsprache wandert auf Millionen von Schallplatten durch Deutschland, und ein Stück ihrer Seelen dazu: Höhenflüge auf den Olymp — und dann der jähe, freie Fall zurück vor die bröselnde Zechenmauer. »Der Assessor Sülzkötter vom Mädchengymnasium«, erzählt er, »der bringt jetzt diese ganze Geschichte von dieser Menschheit, na ja, wissense, wat da so alles passiert is im Laufe der Jahre ...«

Allerdings: Atlantis hat in seinen Vororten nicht nur die qualmenden Schlote, die gefräßigen Feuerzungen der nächtlichen Stahlwerke, nicht nur graue Hinterhöfe und stämmige Fördertürme aufzuweisen. Vor Atlantis kam Westfalen. Und diese Landschaft hat ihr Gesicht bewahrt, so gut es zwischen Halden, Kokereien und Rauchfahnen möglich war. Allein rund um Gelsenkirchen, wo das Grau am traurigsten wirkt, trotzten sechs

Schlösser der Kohle. In einem von ihnen, Schloß Berge, ließ Marschall Blücher die Nächte seines Zornes über Napoleon beim Kartenspiel mit der Hausherrin verstreichen.

Wenig weiter, im Schloßpark des Grafen Egon von Westerholt, traben gemächlich dreißig Löwen durch den Eichenwald. Autos mit fest verschlossenen Fenstern fahren heran, dahinter gezückte Fotoapparate: Lach doch mal, Löwe ...

Und noch immer blieb im Kohlenpott Platz für 17 000 Bauern, die redlich ihr Feld bestellen, wie es die Ahnen taten. Und Dortmund, die alte Hansestadt, bricht alle Rekorde ringsum: 53 Prozent der Stadt sind nicht grau, sondern grün: Wälder, Wiesen, Parkanlagen und wieder eine Burg. Die Nachbarstadt Bochum gibt sich beruflicher. Dort steht ein Bergbaumuseum: zwanzig Meter unter der Erde die Illusion von Atlantis, 2 500 komfortable Wanderwege durch Kohlelandschaften aus schwarz gestrichenem Gips ...

Essen schließlich, die größte der Ruhrstädte, Grenze zwischen Rheinland und Westfalen — und ein liebenswürdiger Querschnitt aus Karneval und Pumpernickel, Grau und Grün. Sterbende Wälder zwischen Zechen und Kanälen im Ortsteil Karnap, aber auch üppiges Gehölz neben uralten Abteien und Seen im südlichen Werden. Und nahebei die Villa Hügel — Residenz der Familie Krupp (Stahl und Kanonen). Ihr Nachmieter im Hause wurde die Kultur in Gestalt wechselnder Ausstellungen, kaum weniger renommiert als die Erbauer.

Kohle und Kultur — in der einstigen Gerichtshauptstadt Recklinghausen hatten sie ein Rendezvous mit Folgen. Im Nachkriegswinter 1946 waren die Kumpels der Zeche »Ewald« übereingekommen, den Sängern

der Hamburger Staatsoper Kohle zu schicken. Man wußte, was man der Kunst schuldig war.
Im nächsten Sommer kamen die Hamburger zu einem Gastspiel angereist; sie wußten, was sie den Gönnern schuldeten. Unversehens wurden aus diesen »klimatischen Kontakten« die Ruhrfestspiele — glänzende Ereignisse im europäischen Kulturjahr, inzwischen im eigenen Ruhrfestspielhaus etabliert und angereichert durch Ausstellungen, Vorträge und Diskussionen.
Doch kaum hat er den schwarzen Anzug wieder auf den Bügel gehängt, zeigt sich der Kumpel privat und gefühlvoll. Der klassische Kumpel hat Tauben auf dem Dach. Helle Vögel, die er am Wochenende auf Reisen schickt. In bequemen Bussen, eigens dafür konstruiert, werden sie zu Tausenden dorthin verfrachtet, wo die Luft durchsichtiger ist: nach Südfrankreich oder nach Dänemark.
Manchmal bleibt eine von ihnen fort. Oder sitzt nach Tagen und Wochen, längst verloren geglaubt, vor ihrem Wassernapf und blinzelt ihren Besitzer schräg von unten an. Er liest Romane in ihren Augen und erzählt sie abends in der Kneipe. Die andern nicken. Sie haben ähnliches erlebt.
Manchmal bleibt wirklich eine fort, für immer. Und auf einmal schmeckt dem Kumpel das Bier nicht mehr. Die andern kennen das. Sie haben ähnliches ertragen. »Weißt du noch, als die Schwarze abging von Skagen?«
Sie reden vom Unwetter über den Alpen, das den untrüglichen Ortssinn der Tiere verwirrte. Oder war es doch ganz anders? Könnte es nicht sein, daß sie unterwegs einen Winkel fand, wo der Himmel blauer war und wo es keine Dachluken gab?
Davon spricht keiner. Davon, daß sie vielleicht eine

Heimat entdeckte, wo die Körner nicht so staubig waren und das Wasser nicht so grau. Und dafür auf die Nestwärme bei Herrchen verzichtete, der sie stellvertretend für all seine Sehnsüchte in die Ferne schickte.
Tauben — so fremd an diesem Himmel, der dem Ruß gehört und den dunklen Dämpfen. Ziehen hier nicht auch die Wolken viel schneller vorüber als anderswo?

Dort, wo Deutschlands Märchen wohnen

»Ernst August«, sprach Sophie (50), geborene von der Pfalz, zu ihrem Gemahl (51), der Ernst August hieß, Herzog von Braunschweig-Lüneburg war, doch längst vor Hoffnung glänzte, dereinst Kurfürst von Hannover zu werden. Er wurde es auch. Zwölf Jahre später. Inzwischen schmachtete Sophie nach dem großvärterlichen Erbe. Und sie bekam es auch. Einundzwanzig Jahre später. Es war nur eine Kleinigkeit: nicht mehr und nicht weniger als die englische Thronfolge . . .
»Ernst August«, schnurrte sie. »Laß uns das Kräuter-

gärtlein ausbauen, ich weiß schon, wie. Was wär' ein Kurfürst ohne Petersilie im Garten?« Und sie zog ihn mit erprobtem Charme hinter die Vorhangrüschen der Sommerresidenz Herrenhausen zu Hannover, eines Abends, als der Mond durch die Erlenzweige am Flüßchen Leine streifte. Man schrieb das Frühjahr 1680.

Und prompt gedieh das Küchengärtlein. In seinen Gewächshäusern grünte, was für bescheidene Ansprüche genügt: Palmen, Reis und Tabak. Vor allem aber Maulbeerbäume für die Königliche Seidenmanufaktur, die 48 Kilometer südlich von Hannover in der Rattenfängerstadt Hameln an der Weser auf die Gespinste der Herrenhäuser Raupen warteten.

In vier dichtbelaubten Reihen säumen 1 300 Linden die Allee aus Hannovers Stadtkern hinaus zu den Königlichen Gärten. Die höchste Parkfontäne Europas quillt 81 Meter hoch aus der geometrisch gestutzten Heckenornamentik eines frühbarocken Landschaftsbildes, und jeden Sommer ziehen Theater und Konzerte die Romantiker magisch in den Lichterkreis des alten Gartentheaters.

So hübsch versteht die Landeshauptstadt Niedersachsens trotz ihrer 600 000 Einwohner und trotz einer leise brodelnden Industriemixtur aus Continental-Gummi und Bahlsen-Keksen, Sprengel-Schokolade und Pelikan-Tinte, Appel-Feinkost und Hanomag-Traktoren verträumte Kulissen zu schieben. Die plätschernden Ufer des Steinhuder Meeres vor der Tür und 80 Hektar künstlich gezauberten Maschsee unterm Herzen . . .

Welche Überfülle in diesem Land, umzüngelt von Weser und Mittellandkanal, gescheckt vom Gelb des Getreides, vom Braun der Moore, vom unersättlichen Grün der Wälder. Zuviel Schweigen der Hannoveraner, die das lupenreinste Deutsch der Bundesrepublik sprechen. Zuviel Ebene, zuviel Weite. Und einst im Mai zuviel große Worte: Es war der 26. Mai 1938, als Adolf Hitler am Fuße des Klieverbergs bei Fallersleben auf den Ländereien des Grafen Werner von der Schulenburg vor 70 000 Zuschauern und 150 Reportern den Grundstein zum heutigen Volkswagenwerk legte, rund 60 Kilometer östlich Hannovers. Ringsum war nichts — Wolfsburg war noch ungeboren. Vor der Rednertribüne standen drei mausgraue Autos mit runden Buckeln, nicht sonderlich schmuck anzuschauen. Jeder Arbeiter Deutschlands, verhieß Hitler, solle diesen Wagen zum Preis von 990 Mark ab Werk beziehen dürfen. Es kam anders: der Großteil der Volkswagen verließ die Fabrik erst nach 1948. Aber dann! Rund drei Millionen Amerikaner kauften den »Käfer«. Über hundert Länder importierten ihn und tun's noch heute. Es klingt wie ein Märchen ...

Und Märchen und Fabelgestalten sind es vor allem, die sich entlang der westlich von Hannover durch die Felswände der Porta Westfalica bei Minden gezwängten Weser eingenistet haben. Genauer: im Weserbergland mit seinen rund 50 Höhenzügen, den tannenfinsteren Solling mit 528 Metern als überragende Kuppe, und allesamt ein verspieltes Auf und Ab waldiger Hügel zwischen Hameln und Hannoversch Münden, zwischen Dichtung und Wahrheit.

Da stehen, mitten im fachwerkbunten Hameln, hinter der 225 Meter langen Schleuse, die seit fast tausend Jahren den Strom staut, ein paar vergessene Wesermühlen fromm und still beim Münsterturm von St. Bonifatii, den Karl der Große den unfreiwillig christianisierten Niedersachsen als Dessert nach der Wesertaufe spen-

Im alten Hildesheim

dierte. Die Mühlen stehen stumm und nähren die Legende. Die Legende aber nährt die meisten der 50 000 Hamelner Bürger.
Es war höchste Zeit für den Rattenfänger, damals im 13. Jahrhundert. Die Ratten vertilgten das Korn und brachten die Pest. Und da kam er, flötespielend und Fasanenfedern am Hütchen. Der Rattenboß vernahm die süße Melodei im Getreidespeicher, schluckte rasch das letzte Weizenkorn und haftete sich dem Musikanten an die Fersen. Tausende folgten ihm in den Weser-Selbstmord. Die Stadt war erlöst, nur der Rattenfänger war böse: man war ihm seinen Lohn schuldig geblieben. Und so kehrte er 1284 zurück, entlockte der Flöte einen speziellen Kinderzauber und führte klammheimlich 130 Jugendliche auf und davon. Die Fama behauptet, nach Siebenbürgen und Mähren.
Doch sei es drum. Rund 20 Kilometer südlich kauert auf einem klapprigen Bronzegaul (dessen hintere Hälfte dem schnellen Ritt nicht folgen konnte) mit verwegen zerknautschtem Dreispitz jener berühmte Lügenbaron Hieronymus von Münchhausen, der hier auf der schmalen Weserinsel Bodenwerder am 11. Mai 1720 hinter dem bäuerlichen Fachwerk eines behäbigen Gutshauses das Licht der Welt erspähte. Dichte Baumkronen beschirmen den bronzenen Brunnenreiter im Rasen vor dem Haus. Drinnen richtete man ihm posthum ein Gedächtnismuseum ein: Schriftstücke, seine Meerschaumpfeife, auch die Kanonenkugel, auf der sich der pfiffige Rittmeister einst kurz entschlossen aus dem Schlachtgewühl katapultieren ließ ...
Sagte er. Aber wirklich, glauben Sie ihm kein Wort. Was der Lügenbaron seinen Gästen so zwischen Suppe und Kartoffeln aufzutischen pflegte, klang haarsträubend

genug. Die Pointe dazu lieferte das Leben. Als nämlich im Jahre 1785, und zwar in England, ein amüsanter Bestseller auf dem Büchermarkt erschien. Sein Titel: »Die wunderbaren Geschichten des Barons von Münchhausen«.

Da blieb dem Baron die Puste weg. Der Autor der siebzehn Geschichten hieß beileibe nicht Münchhausen, sondern, wie man später herausfand, Rudolph Erich Raspe, ein etwas dubioser Wissenschaftler, gebürtig aus Hannover.

Der letzte Volltreffer ereilte den inzwischen vergnügt in seinem Grottenhäuschen am Berghang über der Weser fabulierenden Lügenbaron mit 73 Jahren in Gestalt der siebzehnjährigen Bernhardine. Die junge Dame ließ sich willig heiraten, bescherte ihm in der Hochzeitsnacht den ersten und alsbald weitere Skandale — und plötzlich ein Baby, wie von Zauberhand ...

»Mit mir nicht!« drohte der erbitterte Ehemann und stakste zum Advokaten. Ein zäher Scheidungsprozeß begann. Als Münchhausen am 22. Februar 1797 starb, war sein Gut verschuldet. Aber der Baron war frei. Er soll über siebzig Jahre später, als man in der Kirche in Kemnade, 2 Kilometer von Bodenwerder, die Grabplatten der Toten hob, um sie auf den Friedhof umzubetten, zufrieden gelächelt haben. Ein Windstoß vom Portal her, und er zerfiel zu Staub. Behauptet die Fama. Weiß man, ob sie lügt?

Schiffe ziehen gegen den Strom. Braungefleckte Kühe auf Wiesen, aus denen rosarot die Kleeblüten leuchten. Bauerngehöfte mit tiefgezogenen Dächern. Derbe, vor Alter rissige Holzbohlen über der Haustür und Inschriften mit dem Schnitzmesser. »Auf dem Breitenstein«, sagt jemand an Deck und deutet auf den Hang hinter dem Dörfchen Rühle, »wachsen wilde Orchideen. Sogar Eiben. Und Wein«.

Von Tannen ganz zu schweigen, die der düstere Kamm des Solling als Kulisse jenseits der Weser hinter das mittelalterliche Städtchen Höxter rückt. Und Höxter ist bedeutungsvoll genug. Nicht etwa nur wegen des prunkvoll verzierten Fachwerks am Rathaus in vorbildlicher Weserrenaissance, der buckligen Gäßchen, der engbrüstigen Giebelhäuschen, die wie Bauernschränke wirken. Nein, Höxter hat Größeres: das Kloster Corvey, »Wunder des Erdkreises«, 822 unter Ludwig dem Frommen gegründet und alsbald das geistige »Frühbeet« nordwestdeutscher Kultur. Kaiser und Könige überhäuften das Benediktinerkloster mit Schenkungen. So nimmt es nicht wunder, daß schon im 12. Jahrhundert 60 Kirchen zwischen den Niederlanden und dem Ostrand des Harzes dem Fürstabt von Corvey unterstanden.

Und da steht man am Ende einer prächtigen Allee vor den aufeinandergetürmten Flachziegeln des Klostergebäudes, rechts flankiert von der separat aufgepflanzten Kirche unter ihren Spitztürmen. Und man steigt die breiten Steinstufen empor zur Bibliothek mit den Goldlettern auf den staubigen Folianten. Oje, war Deutschland würdig, Anno dazumal! Was hätten Sie getan, vorausgesetzt, Sie hätten 14 Jahre lang wie jener weltberühmte August Hoffmann von Fallersleben hier als Bibliothekar gewaltet und sich schließlich auf dem Klosterfriedhof zur Ruhe gelegt, wie Fallersleben im Jahre 1874? Ganz sicher: Sie hätten das »Deutschlandlied« erfunden. Er auch ...

Tun Sie den Katzensprung hinüber zum Solling. Besuchen Sie das »blaue F« jenseits des Flusses im Schloß Fürstenberg, trutzig in den Weserfels gemeißelt, von den

Braunschweiger Herzögen verlassen und seit 1747 Porzellanmanufaktur. Unter dem mächtigen dunklen Bohlenwerk des Treppenaufgangs öffnen sich die lichten Räume des Werksmuseums. Tiegel stehen herum, gefüllt mit Pülverchen: mal Kaolin, mal Feldspat und mal Quarz. Ungebrannte, halbgebrannte Vasen. Die Hohlformen, aus denen sie geschaffen wurden. Und Dekors schließlich, so kunstvoll, daß kein Kaffee je vermöchte, seiner Tasse gerecht zu werden.

Historie überall. Geschichte, sanft zwischen Hügelketten gebettet und ruhevoll wie jenes kuriose Städtchen Karlshafen, das sich unter den lichtbelaubten Höhen des Reinhardswaldes an die Diemelmündung schmiegt und noch heute mit verdutzten Fensteraugen sein barockes Spiegelbild in einem quadratischen Hafenbekken vor dem Rathaus betrachtet. Schwanenhäuschen und Trauerweiden. Mütter mit Kinderwagen auf den Bänken ringsum: War's das, was um 1700 der Landgraf Karl von Hessen vorhatte, als er »Karls Hafen« gründete? Und das gut hundert Meter vom eigentlichen Weserhafen entfernt.

Ein Blick auf die alte Schleuse und jeder weiß: der Landesvater hatte offensichtlich keine Lust mehr, den Mündenern für jede Fracht Schiffszoll zu bezahlen. Und so reifte in den landgräflichen Gehirnzellen ein stolzer Plan heran. Ein eigener Kanal von Kassel hinüber an die Weser würde Zollfreiheit bedeuten. Gedacht, getan. Der Hafen wuchs zwischen den Einfriedungsmauern. Doch kaum standen die ersten Bürgerhäuser, verließ ihn die Kanalisationslaune. Er bot den aus Frankreich geflüchteten Hugenotten Karlshafen als Obdach an. Das Städtchen träumte vor sich hin. Bis man vor 125 Jahren die Solequelle entdeckte und Karlshafen zum Kurort wurde.

Dies ist die heitere, um Flußkrümmungen geschmiegte Waldlandschaft, aus der Märchen wie Pilze sprießen. Querfeldein durch den Reinhardswald, auf stillen Forstpfaden, den Tritt des Wildes im Wurzelwerk, das Plätschern der Bächlein, das Zwitschern der Vögel im Ohr — und der Wald zieht sich zurück wie der Theatervorhang vorm ersten Akt. Hier unten die Diemel in wilden Windungen, dort oben die Trendelburg, fünftürmig über dem Fels thronend, mit Zugbrücke, Hochzeitsturm und Burgkapelle voll antiquarischer Kostbarkeiten, und der Burgherr, adlig, wie sich das gehört, ist mit Verlaub Schloßhotelier. Er geht mit Himmelbetten nicht anders um als weniger feine Hoteliers mit Schaumgummimatratzen: er vermietet sie. Träume, die sich nächtens verstohlen unter den gerüschten Baldachin schleichen, sind im Preis inbegriffen. Träume sind Weserberglandspezialität. Wildschweine grunzen durchs Untergehölz, und der Wildschütz grinst martialisch und setzt dem toten Förster einen Grabstein im Dickicht, die wacholdergeräucherte Forelle vom Abend vorher plätschert wieder in der Diemel ... Träumte nicht auch Dornröschen hier im Reinhardswald hoch droben auf der Sababurg?

Die Brüder Jacob und Wilhelm Grimm, 1785 und 1786 geboren, beide als Professoren der Germanistik ins nahe Göttingen berufen, lauschten jahrelang dem Geplapper des Volksmundes, notierten, sammelten und gaben schließlich die »Kinder- und Hausmärchen« und die »Deutschen Sagen« in Büchern heraus, die jedes Kind heute kennt. Ihr von der bösen Norne in hundertjährigen Schlaf versetztes Dornröschen schlummerte bis zum erlösenden Prinzenkuß auf dieser Sababurg, und auch die Fabelgestalt der daunenschüttelnden Frau Holle

paßt unvergleichlich hinter die winzigen Fensterchen, unter denen sich heute ein burgeigenes Wildschweinpärchen im Schlamm wälzt und Damhirsche eine kilometerweite staatliche Parklandschaft durchstreifen.
Zäh nagt der Zweifel: gab es Dornröschen überhaupt? Nur von zwei seltsamen Wesergestalten weiß man es genau. Der Lügenbaron Münchhausen hat ungelogen gelebt. Und auch der sagenumwobene Herr, der in einem Städtchen, frisch dem Spielzeugkarton mittelalterlicher Erker und Balken entronnen, die Hausnummer 34 der »Langen Straße« bewohnte: der Doktor Eisenbart in Münden. Kameras surren vor der steinernen Figur des geschäftstüchtigen Quacksalbers, der hurtig das Chirurgenskalpell zum frohen Lied wetzte: »Ich bin der Doktor Eisenbart / kurier' die Leut nach meiner Art ...« Zu seiner Ehrenrettung sei vermerkt, daß dieser umherziehende Medizinmann immerhin der erste deutsche Chirurg war, der seine Instrumente sterilisierte.
Als er am 11. November 1727 das Zeitliche segnete, lebte er dennoch fort: Hier in Münden, wo Werra und Fulda sich begegnen und in der Weser fortbestehen, tritt er an sommerlichen Festspielabenden vor dem alten Rathaus auf.
Wie überhaupt das Merkwürdige hier im Weserbergland unverwüstliche Lebenskraft hat. Jede Märchenfigur, jede Fabelgestalt wirkt hier glaubwürdiger als einer, der auszog, Wirklichkeit zu lernen. Wirklichkeiten sind fürchterlich.
Grimms Märchen »Von einem, der auszog, das Fürchten zu lernen« bedarf keines Psychologen. Der Unerschrokkene bekam es mit des Teufels Großmutter zu tun. Aber nie mit Realitäten.

O Reeperbahn, o Erika...

Silbrige Kühle zwischen den Blätterschnüren der Trauerweide. Was ist es diesmal: Elbe, Alster oder Bille? Wasser in jedem Fall. Schwäne mit orangefarbenen Paddelfüßen. Fin-de-siècle-Villen, schmalbrüstig, von Noblesse umwittert. Verschwiegene Gartenpförtchen zum hauseigenen Bootsanker ...

Schelme behaupten, Hamburg habe etwa den Wassergehalt einer Melone. Schon als im Jahre 928, ein paar Jahre vor der bösen Bremer Konkurrenz an der Wesermündung, das Fischernest »Hammaburg« an der Alster

Im Hamburger Hafen

heranwuchs, vertraute man sich blindlings dem Wasser an und hatte damit nicht auf Sand gebaut. Denn siehe da: gut zwei Jahrhunderte darauf begann rund 60 Kilometer weiter nordöstlich der Ostseehafen Lübeck unter Heinrich dem Löwen einen blühenden Handel mit Flandern und England zu entfalten.

Da straften auch die Hamburger die ihnen angedichtete nordische Reserve Lügen und schlossen sich mit Lübeck zur norddeutschen Hanse zusammen, der kurze Zeit darauf auch Bremen beitrat — und im 15. Jahrhundert gehörten diesem Kaufmannsbund bereits 160 deutsche Städte an.

Wie dem auch sei: Hamburg ist hanseatisch bis aufs Skelettsystem. Nicht im althochdeutschen Wortsinn, der mit Hanse die »wehrhafte Schar« der Handelsflotte meinte. Sondern symbolisch: korrekt und geradlinig und als »Tor zur Welt« am Mündungstrichter der Elbe nicht minder durchgehend, geöffnet als Berlin, dem Hamburg mit über 1,8 Millionen Einwohnern als zweitgrößte Stadt der Bundesrepublik auf den Fersen folgt, 750 Quadratkilometer umfassend und stolz auf sich.

Nicht allein wegen seiner Werften, wegen seiner internationalen Schiffahrtslinien, wegen der Ozeanriesen, die, beladen mit Tabak und Erdöl, Gummi und Jute, im Freihafen außerhalb deutscher Zollhoheit vor Anker gehen. Sondern weil Hamburg eine eigenartige Schönheit in Deutschland besitzt, fernab all der malerischen Mittelalterlichkeit: streng das fast quadratische Becken der Binnenalster zu Füßen des Jungfernstiegs, dessen geschäftiges Hasten sich am behaglichsten vom Alsterpavillon aus beobachten läßt. Weitschweifig hinter dem Zwillingspaar der Lombards- und der John-F.-Kennedy-Brücke die geschwungene Ausbuchtung der Außenalster. Modern-verspielt die Studentenkneipen in Alt-Pöseldorf, kapitänsselig der Vorort Blankenese, feudal die Wohnsitze entlang der Elbchaussee. Ein grau schimmerndes, unter grüner Patina aufragendes Rathaus in klassizistischem Renaissancebarock. Die St.-Michaeliskirche, untenherum schönste Barockkirche Norddeutschlands und obendrauf ein 132 Meter hoher Turm »Planten un Blomen«, plattdeutsch für »Pflanzen und Blumen«, ein Spaziergängerparadies als Anhängsel des Botanischen Gartens. Ein 271,5 Meter hoher Fernsehturm mit Blick nach Schleswig-Holstein, aber auch nach St. Pauli ...

Und da hätten wir sie also: die berühmt-berüchtigte Reeperbahn, ein kleines Stück nördlich der unterkellerten Elbe Tür an Tür mit Freizügigkeiten werbend und überglimmert vom Lichtermeer eines Riesenjahrmarkts. Da gibt's, relativ harmlos, das Café Keese. Da gibt es das »Startloch« der Beatles im Top Ten — und da gibt's an der Großen Freiheit das beste Stripteaselokal namens Colibri. Da sitzen in der Herbertstraße, lieblich hinter Schaufenstern mit dem Weiß sündiger Miederwaren kokettierend, freundliche Damen und häkeln Bürgerliches, bevor und nachdem die Kundschaft naht. Da stehen Anreißer in Hauseingängen und zupfen mehr oder minder diskret mit finstersten Versprechungen an Ihrem Ärmel ...

Die glücklich Entronnenen ziehen sich, umweht von Steppenromantik, in die Lüneburger Heide zurück, die 16 Kilometer hinter Hamburg zu träumen beginnt. Das heißt, um ganz ehrlich zu sein: bevor im ersten Drittel des vorigen Jahrhunderts der dänische Märchendichter Hans Christian Andersen verzückt notierte: »... Jedes Sandkorn war ein blitzender Granit«, schilderten die

Dichter die Heidelandschaft eher wie ein Schullesebuch des Jahres 1903: »Eine öde, traurige Gegend ... Kein Tier außer einigen hungrigen Raben ...«

Na, das konnte allerdings Hermann Löns gar nicht finden. Hermann Löns, der Heideromantiker, 1866 in Westpreußen geboren, 1914 bei Reims gefallen und dazwischen unheilbar verliebt in eben die öde, traurige, zwischen Wacholder und Torfmoor, Strohkapuzendächern und Storchenrädern, Birken und Hünengräbern blühende Teppichlandschaft der Heide, die sich im etwas windschiefen Viereck zwischen Hamburg, Bremen, Hannover und Braunschweig ausbreitet.

In seinem Liederzyklus »Der Wandervogel« schwärmte er von jenem kleinen Blümelein namens Erika, ließ den Wildbretschützen durch die braune Heide voller Hirsch und Reh und Haselhuhn pirschen und komponierte die unglückliche Liebe zu seiner Schwägerin in die seltsamen Zypressenhügel über Moospolstern und schwarzen Tümpeln.

Auf einmal war die Lüneburger Heide zum Künstlerparadies verwandelt. Worpswede entstand, die Malerkolonie. Sonntagsausflügler pilgerten über die sandigen Wege und verfielen in blankes Entzücken beim Anblick jeder watschelnden Gänsekommune und der wolligen Herden von Heidschnucken, die sich seit jeher als Putzfrauen der Heide bewährten. Diese eigentümliche Schafrasse mit schwarzen Lämmern zwischen Eltern, die, ob Mama oder Papa, alle beide gehörnt sind: sie sind die zweckmäßigsten Heidemäher und Landschaftskosmetiker, wenn auch mittlerweile auf 20 000 Mäuler dezimiert.

Um ihr lilarot blühendes Heidewunder vor dem Massenandrang der Romantiker mit den Bonbonpapieren und den knatternden Benzinkisten zu schonen, traten Anno 1910 ein paar Männer mit ernsten Gesichtern und vielerlei Doktortiteln zusammen und gründeten flugs den Verein Naturpark e. V., der denn auch prompt für den Kauf des Wilseder Bergs, mitten im Herzen der Heide 169,2 Meter emporragend, das erforderliche Sümmchen zusammenbrachte.

Seither ist dieser erste aller deutschen Naturparks ein Paradies der Heidebienen, die hier ungeheuerliche Mengen aromatischen Heidenektars zu Herrchens Nutz und Frommen schlürfen; aber auch das Geschäftszentrum der Kinder, die irgendwo am Wegrand stehen, Körbchen voll blühendem Heidekraut schwenken und die Sammelfaulen zur Kasse bitten.

Kein Autoreifen hat Zutritt in diese »gute Stube« der Heide. Die Heidjer, gar nicht dumm, spannten darum beizeiten die Pferde an und riefen einen florierenden Kutschverkehr ins Leben. Ob Landauer oder Leiterwagen oder gar eine echte Postkutsche mit Hörnerklang aus dem fürstlichen Besitz derer von Thurn und Taxis: hier hat die Vergangenheit unverkennbar Vorfahrt.

Das Verblüffendste an diesen Schutzvorkehrungen der Heide zuliebe: die so gehütete Landschaftsform aus lehmigem Boden und schwammigem Moos oder, 90 Meter höher, der kargen, dürren, unbesiedelten Hochheide: diese Landschaft ist schon in grauer Vorzeit von der Zivilisation angekränkelt worden und keineswegs ursprünglich. Denn gleich nach der zweiten Eiszeit traf vor rund 30 000 Jahren erst die Wärme, dann der Wald und schließlich ein gigantenhafter Typ Mensch ein, schlicht Hüne genannt und ein wackerer Altgermane, um den sich die Historiker die Köpfe zerbrechen.

Der Hüne (damals gab's noch keine Historiker) hatte

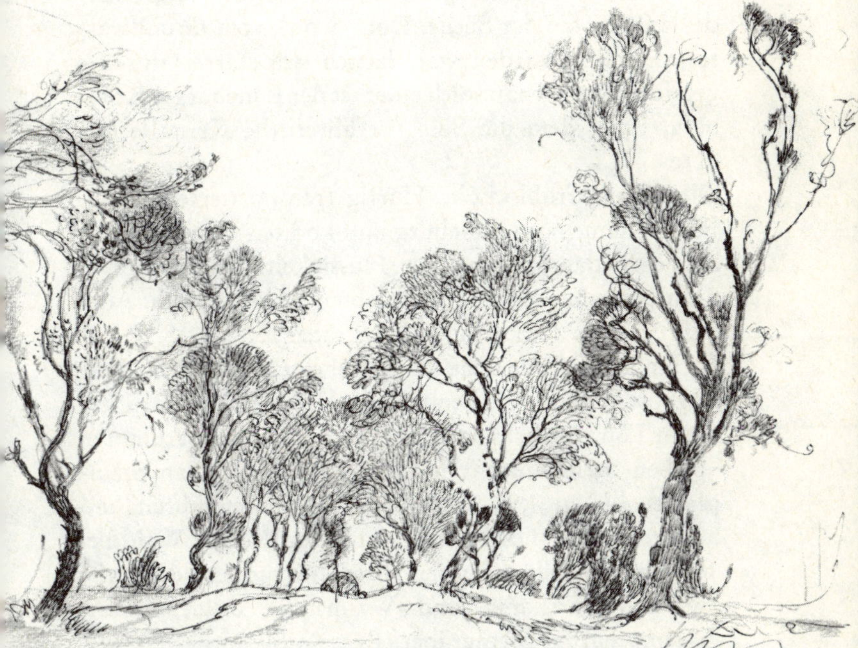
Heideweg

indes Besseres zu tun. Er fertigte sich ein Beil, rodete den Wald, grub neugierig unter Ton- und Sandschichten und den darunterliegenden Mergel und Kalk und entdeckte seltsam weiße Zusammenballungen im Urgestein. Der Hüne, voller Entdeckerlust, kostete einen Krümel davon. Salz schmeckte damals wohl aufregender als heute. Jedenfalls ergriff die Sippe der Hünen den Steinpickel und grub sich rings um das heutige Lüneburg ihr Salz für den Elchschlegel aus. Das Gewürz selbst half den Hünen bei der Suche. Dort, wo es vom Grundwasser aufgelöst worden war, hatten sich starre Gipshüte gebildet. Und genau solch einer ist der Lüneburger Kalkberg, unter dem die Sole verführerische Kristalle bildete.

Die Hünen frohlockten. Hurtig transportierten sie gefällte Bäume nach Lüneburg und kochten sich in Riesenbottichen das Salz aus der Flüssigkeit. Und wenn sie nicht gestorben wären, dann lebten sie heute noch. Aber dann gäbe es auch keine Hünengräber ...

So hingegen finden Sie 15 Kilometer südlich von Fallingbostel, ganz nah beim Grab des Heidedichters Hermann Löns (er bekam kein Hünengrab) die berühmten »Sieben Steinhäuser«: Findlinge, über die man Steinplatten bis zu 4,90 Meter lang, 4,70 Meter breit und 50 Zentimeter dick breitete. Auch im Klecker Wald bei Jesteburg und einen halben Kilometer südlich der Straße zwischen Barskamp und Walmsburg dräuen solche mammuthaften Steingräber. Rätseln Sie nicht erst, wie diese viertausendjährigen Steinplatten transportiert worden sind. Die Hünen hatten Hünenkräfte!

Und da steht die staunende Nachwelt und kratzt sich bedrückt hinter den Ohren: so viel unheimlicher Mythos um diese Steinfindlinge, aber auch um Waffen und

Schmuck und Tongefäße, all das zur posthumen Versorgung der Begrabenen. Und ein Eibenholzspeer, der älteste Speer der Welt, heute im Niederländischen Landesmuseum in Hannover zu bewundern, macht einem klar, daß durchaus nicht der Neandertaler der erste Jäger nach der Eiszeit war.

Aber lassen wir das. Auch Karl der Große trieb's ziemlich bunt in der Heide. Daß er bei seinem ersten Besuch in Bardowick ein Domstift schuf und das zweite Mal über Soltau gen Hollenstedt ritt, klingt vergleichsweise harmlos. Viel martialischer ließ sich im Jahr 782 in Verden das Blutgericht an, das er über die aufständischen Sachsen, 4 500 an der Zahl, verhängte.

Schwer zu ergründen, weshalb auch heute noch viele der Heideleute bis zur Halskrause voller Aberglauben stecken. Lag es am seltsamen Mythos der alten Hünen, liegt's an den düsteren Gestalten des Wacholders, die nachts im Mondlicht zu laufen scheinen? Liegt's am gespenstischen Irrlicht, das in dunklen Nächten über die Moore geistert und seine Opfer in den Schlamm lockt? Oder an den Hexen, die mit dem bösen Blick die Milch der Kühe zum Versiegen bringen?

»Es gibt Dinge zwischen Himmel und Erde ...«, murmeln die Heidjer und hängen ihren Säuglingen Amulette als Glücksgaranten um den Hals. Schließlich: niemand glaubt an Spuk und Geister, aber man kann ja nie wissen ...

Es gibt ja auch ganz nah beim Wilseder Berg einen geheimnisvollen Erdkessel, dessen Anblick das Blut zum Gerinnen bringt. Na, beinahe. Da tritt man auf ein flaches Plateau, völlig arglos — und plötzlich ist der Boden weg. Verwirrende Lichter und Luftgaukelei dort unten. Wacholder, aus den Wänden aufragend, in denen metallische Sandstreifen gleißen. Angst, die sich aus dem Abgrund hebt und das Herz umkrampft: der Totengrund. Früher trug man die Särge der Angehörigen von Wilsede hinüber nach Bispingen. Durch dieses grausame Tal ...

Und haben Sie den Schäfer gesehen, der unter weitem Umhang hinter seinen Schnucken herwandert, hügelauf, hügelab? Seine Augen? Wasserhelle, merkwürdige, von innen beleuchtete Augen, in denen ein endloser Himmel gefangen ist. Der Schäfer hat den Mörder gesehen, den die Polizei seit zehn Jahren sucht. Er sah ihn am hellen Mittag. Der Mörder, sehr bärtig anzuschauen, saß auf einem Kamel. In einer Hand hielt er eine gebratene Hammelkeule, im Gurt steckte finster der Dolch. So ritt er durch die Sahara.

Der Schäfer weiß das, denn er hat »Gesichte«. Und während er Alraunenwurzeln sammelt, sieht er Sie. Ganz deutlich. Sie lesen ...

Schleswig-Holstein, rum-durch-drungen

Schleswig-Holstein kann man zweimal halbieren: quer oder längs. Bei quer reicht die obere Hälfte von der Königssau, die fließt in Dänemark, bis hin zur Eider und dem Nord-Ostsee-Kanal. Das ist dann Schleswig. Die untere Hälfte reicht von der Eider bis zur Elbmündung und nach Lübeck, also leicht schräg nach oben. Das ist dann Holstein.

Schneidet man senkrecht, nimmt man ziemlich genau das Lineal und unterscheidet nur noch zwischen Ost und West. Oder auch Nordsee mit was dran und Ostsee mit was dran.

Schleswig-Holsteins Küsten, ob Westen oder Osten, sind in internationalen Touristenkreisen bekannt. Doch das Innere liegt sehr weit und einsam, kaum berührt von Campingplätzen und Luxushotels. Bis auf einige Gegenden natürlich: die Holsteinische Schweiz und die wenigen kleinen und großen Städte. Immerhin leben hier auf 15 680 Quadratkilometer nur 2 393 700 Einwohner, im Vergleich zum Ruhr-Gebiet, wo sich auf nur 4 587 Quadratkilometer 5,2 Millionen Menschen drängen. Daß alle Ruhrgebietler im Sommer an die Nord- und Ostsee fahren, ist ein Gerücht. Aber einen großen Teil von ihnen, dazu Hamburger, Bayern, Niedersachsen, Württemberger und so fort, treibt es doch jedes Jahr wieder an eines der Meere, auf die Inseln oder in die Seebäder. So liegen sie dann, pappen am Sonnenöl ihres Strandnachbarn fest, trinken abends Whisky oder Moselwein statt des zünftigen Grogs in reetgedeckten Gasthäusern und träumen von der Einsamkeit, die doch so nah liegt.
Beide Meere prägen mit ihrem unterschiedlichen Charakter hier ganz entscheidend Menschen und Landschaft. Die stets mit Ebbe und Flut kämpfende Nordsee, die fast überall von Deichen in Schach gehalten wird, und die blankgeputzte, gutgelaunte Ostsee. Das Schleswig-Holstein der Farben, die immer ein bißchen von innen heraus scheinen, wie Glas, die die Müdigkeit der Nacht, mehr in Schleswig als in Holstein, nie vergessen. Was in Hamburg nur eine Idee ist, ist in Flensburg schon Gewißheit: die graue Sage ist reine Theorie. Und selbst der Regen, der oft tagelang monoton vom Himmel fällt, aus großen grauen Wolken, wirkt in den riesigen grünen Flächen selber grün. Im Sommer das Wechselspiel von Blau, Grün und Weiß, dem frischen Weiß von Schafen

und von gemütlichen Häusern, die nie von Fabrikschornsteinen geträumt haben.
Dabei beginnt es ziemlich »industriell«, das Land zwischen den Meeren. Denn in Dithmarschen, dem Land zwischen Elbmündung und Eider, mit den Marschen an der Küste und der Geest im Hinterland, stehen zwischen Hemmingstedt und Heide, der Stadt mit dem größten Marktplatz Deutschlands (40 000 Einwohner), viele unermüdlich pumpende Ölbohrer. In Dithmarschen liegt auch der größte Hafen der Westküste: Brunsbüttelkoog, gleichzeitig eine der jüngsten Städte, immerhin selten in diesem Land, wo es viele Ausgrabungen alter Siedlungen gibt und die meisten Städte ihr Stadtrecht schon im 13. oder 14. Jahrhundert verliehen bekommen haben. Wie zum Beispiel Meldorf, das im 13. Jahrhundert Stadtrecht erlangte, es allerdings 1559 prompt wieder verlor, anläßlich des Untergangs der Dithmarschener Bauernrepublik. Bevor sie aber untergingen, die Dithmarschener Bauern, schlugen sie noch schnell eine Schlacht gegen die Dänen und Holsteiner, exakt am 17. Februar 1500, woran nun ein riesiger Findlingsblock erinnert, der unweit von Meldorf auf der Dusendüwelswarf liegt. Übrigens: 300 Jahre später, 1869, bekam die Gemeinde ihr Stadtrecht wieder, und seither ist alles in Ordnung.
Zwischen Brunsbüttelkoog, Meldorf und der Eidermündung liegt ein Koog neben dem anderen. Zu den größten gelangt man am besten von Marne aus, einer kleinen Stadt mit 5 000 Einwohnern, deren Geschichte bis in die frühchristliche Zeit zurückzuverfolgen ist. Was ein Koog ist, ist bekannt: dem Meer durch Eindeichung mühsam abgewonnenes Land. Aber woher das Wort kommt, wissen wir nicht. Windige Deiche und ringsumher weites

Marschland, auf dem saftigen Grün grasen riesige Schafherden und aufregend schnatternde Gänse. Auf den Kanälen, die das Gebiet gleichmäßig durchziehen, fahren Fischerboote ein und aus: rechts und links vom Mast elegant die Netze drapiert, mit denen eine der köstlichsten Delikatessen von Schleswig-Holstein eingeholt wird: Nordseekrabben.

An der Grenze zwischen Schleswig und Holstein, schon in Schleswig gelegen, steht Friedrichstadt, 3 Meter hoch, mit nicht mal 3 000 Einwohnern eine ganz einzigartige Stadt. Sie wurde von holländischen Remonstranten, einer liberal-evangelischen Sekte, erbaut, und bis heute haben sich die kleinen, weißen Häuser rund um den malerischen Marktplatz mit dem blauen Brunnen im niederländischen Baucharakter erhalten. Zwischen den Fenstern stehen Rosenstöcke, wachsen wie von selbst gelb und rot aus dem Kopfsteinpflaster. Die Haustüren sind eher Portale, bescheidene zwar, doch sehr gepflegt und immer in den Farben Schleswig-Holsteins bemalt: grün, blau, weiß. Die Nordfriesen leben gern mit sich allein, und so legten sie die bemalten Türen hoch; mindestens eine Stufe, wenn auch abgetreten, liegt zwischen dem Fremden und dem Friesen.

Die Friesen: über ihre früheste Stammesgeschichte ist wenig bekannt. Aber daß sie mindestens seit der Zeit der Völkerwanderung dieses Land bewohnen, das wissen wir. Der ständige Kampf gegen Meer und Sturm hat den großen, wortkargen Menschen ein ungeheures Selbstbewußtsein und beachtlichen Stolz auf ihre Leistungen gegeben. Sie sprechen eine Sprache, die kein Fremder versteht, dem Englischen abgelauscht, durchsetzt mit niederländischen, niederdeutschen und dänischen Lehnwörtern. Mehrsprachig werden die Kinder

erzogen, denn mit dem verstärkten Tourismus wurde es notwendig, das Hochdeutsche zu erlernen, und im Grenzgebiet kommen noch mal zwei Sprachen dazu: Platt-Dänisch und Hoch-Dänisch. Nur anwenden tun die Friesen ihre diversen Sprachen selten, denn sie sind sprichwörtlich wortkarg.
Husum, seit Theodor Storm als graue Stadt am Meer sattsam bekannt, ist das kulturelle und wirtschaftliche Zentrum von Nordfriesland und nur 15 Kilometer von Friedrichstadt entfernt. Immerhin schon 5 Meter hoch und mit 23 547 Einwohnern auch die größte Stadt. Vom Wasserturm, der zwischen Schloßgarten und Viehmarkt steht, hat man einen herrlichen Blick über die alte Stadt bis hin zu den Halligen, falls die gerade zu sehen sind und die Bewohner der eingedeichten Reste des Nordstrandes nicht gerade melden: »Land unter«. Und das tun sie seit jener großen Sturmflut von 1634, wie sie angeblich nur alle tausend Jahre einmal passiert, bei fast jedem großen Hochwasser. Dann retten Bewohner und Vieh sich auf die Dächer ihrer Häuser. Die haben sie zum Schutz gegen die Flut auf vier bis sechs Meter hohen Wällen erbaut, die sie Warsten oder Warften nennen. Das Überleben der Halligen ist eine Frage der Zeit; in den letzten dreihundert Jahren verschwanden immerhin schon zwanzig auf Nimmerwiedersehen. Die größte der zehn Halligen ist 8 Kilometer lang und an der breitesten Stelle 1,5 Kilometer breit (Langeneß), die kleinste ist nur 15 Hektar groß (Habel). Husum liegt am oberen Ende der Halbinsel Eiderstedt, wo seit Jahrhunderten im Winter ein besonderer Sport betrieben wird: das Bosseln. Dabei werden kleine, mit Blei ausgegossene Kugeln oft kilometerweit über das Eis getrieben. Ganze Gemeinden treten gegeneinander an. An der

Spitze der Halbinsel liegt St. Peter-Ording, das den einzigen Sandstrand dieser Gegend besitzt. Und eine Schwefelquelle, die sich rühmt, die stärkste und somit gesündeste Deutschlands zu sein. Und Helgoland, rund 40 Kilometer entfernt, die Insel mit der saubersten Luft Deutschlands, an deren rote Felsen jährlich Scharen von Heuschnupfen-Kranken während der Blütezeit von Gras und Getreide pilgern, ist auch von dem Doppelort St. Peter-Ording zu erreichen.

Weiter oben liegt Niebüll. Sprungbrett nach Sylt, der größten der nordfriesischen Inseln, die noch zu Deutschland gehören. Aber nicht nur die größte von den dreien, sondern auch vom Rest der Nordseeinseln. In 26 000 Betten schlafen zu jeder Saison rund 200 000 Menschen und holen sich randlose Bräune. Denn das ist Sylter Vergnügen, und bikinitragende Mädchen sind meist nur wehmütige Erinnerung, Nacktsein ist Trumpf. Wem's nicht paßt, weil er leicht friert oder überhaupt, hat Glück, denn der »angezogene« Strand ist nur halb so überfüllt und riecht nicht nur nach Sonnenöl, sondern auch noch nach Geheimnis.

Die kleinste der nordfriesischen Troika ist übrigens Amrum, 20 Kilometer vom Festland entfernt, nahe bei Föhr.

Friesland, steifer Grog und Brise. Kaffee, Rum und Sahne, Tee und Kandis. Ziemlich überall ist Rum dabei, nur bei den Krabben nicht und natürlich auch nicht bei Helgoländer Hummer, zu dem man lieber Butter oder Mayonnaise reicht. Aber sonst ... der Bedarf wird gedeckt. Hauptsächlich von den 120 verschiedenen Rumsorten, die in 28 Destillierfabriken in Flensburg hergestellt werden. Stadt an der Förde, dic 35 Kilometer ins Land reinragt, nördlichste Stadt der Bundesrepublik,

Tor nach Skandinavien. Viel Altes auch hier: die St. Marien-Kirche von 1880, deren erste Anlage schon 1284 stand, das Nordtor von 1595 und der Nordermarkt aus eben diesem Jahr. Und einiges mehr, zum Beispiel die schönen Fassaden der Häuser, die sich in sattem Rot für einen langen Sommer angemalt haben. Nur 10 Kilometer von Flensburg entfernt liegt denn auch das nördlichste Heilbad, in Glücksburg. 1582 bis 1587 wurde hier eine der schönsten Renaissance-Wasserburgen Norddeutschlands gebaut. Sie steht auf geweihtem Boden, denn noch früher, genau seit 1210, war hier ein Zisterzienserkloster.

Glücksburg liegt schon in Angeln, Land der Knicks und Bauern. Und auch Heimat des in landwirtschaftlichen Kreisen relativ bekannten schwarz-weißen Sattelschweins. Durch die Knicks, die ein Meter hohen, mit Beeren bepflanzten Wälle, bekommt das flache Land, das der Küstenbewohner von altersher »land-ein« nennt, abstrakt-geometrisches Aussehen.

Angeln: von hier zogen, so im 5. Jahrhundert, zusammen mit Sachsen und Jüten, hilfsbereite Männer nach Britannien. Aus den Helfern wurden recht schnell Herren, und nun weiß man: daher kommt der Name Angelsachsen. Hier stehen Dörfer mit den ulkigsten Namen: Riesenby, Grumby oder Ülsby. Kleine Orte sind das, durchweg nur eine Straße mit einer Handvoll Häusern.

In Angeln liegt auch die älteste Stadt Schleswig-Holsteins: Schleswig. Am äußeren Ende der Schlei, einer malerischen Förde. Schon seit 948 ist Schleswig Bistum, und vorher lag ganz in der Nähe, 3 Kilometer entfernt, die Wikinger Siedlung Haitabu.

Kiel ist neben München Olympiastadt, die Kieler Bucht

ist Segelfreunden aus der ganzen Welt durch die Kieler Woche bekannt. Nicht alle Bewohner der größten Stadt Schleswig-Holsteins sind Segler, aber wohl die meisten sind Segelfreunde. Genau wie Friedrichstadt und Rendsburg ist die im 13. Jahrhundert gegründete Stadt Grenze zwischen oben und unten, Schleswig und Holstein. Und das mag ihr auch 1947 dazu verholfen haben, daß sie Hauptstadt des Landes wurde. Kiel, das aller Welt offen verkündet, es habe kein Geld, nämlich durch ein Glockenspiel im Rathausturm, bietet allerlei Sehenswertes, Altes und Wiedererbautes. So die Nikolaikirche, einen spätgotischen Bau aus dem 13. Jahrhundert, der gleich zweimal restauriert bzw. wiedererbaut wurde: zuerst 1878 und dann, nachdem ihn eine Bombe getroffen hatte, 1950. Aber das Innere ist noch original, der Schnitzaltar und ein Triumphkreuz aus dem 15. Jahrhundert, das Taufbecken gar nochmal hundert Jahre älter. Die Moderne hat *vor* der Kirche Platz: ein Denkmal von Ernst Barlach. Aber das allerälteste Bauwerk Kiels ist ein Franziskanerkloster aus dem 13. Jahrhundert, mit dem Grabstein von Adolf IV., dem Gründer der Stadt, der hier 1291 starb. Kiel geht mit der Zeit, heute ist das Kloster ein Studentenheim.

Eine besondere Attraktion ist der »Geologische Wald« im Botanischen Garten. Wie vor 250 Millionen Jahren kann man hier die mittlerweile zu Kohle gewordene Flora durchwandern. Und wieder neueste Neuzeit: in Kiel steht eine der größten Werften, die Howaldtwerke, die man gut vom Hafen sieht. 18 Kilometer von hier entfernt haben die Kieler ihr Ausflugsgebiet: Laboe, mit kilometerlangem Sandstrand, besonders kinderfreundlich. Aber nicht nur Sand und Lotsenstation gibt es in Laboe, sondern auch ein über 80 Meter hohes Marine-

Denkmal für die gefallenen Seeleute des Ersten Weltkrieges. Bei klarem Wetter sieht man von dem 340 Stufen hohen Turm (einen Fahrstuhl gibt es aber auch) die dänischen Inseln. Bis hin zu den Bädern Schönberger Strand und — Kalifornien. Kilometerlange Deiche müssen auch hier wieder das Land beschützen. Schönberg ist der Hauptort einer Küstenlandschaft, die Propstei heißt und, wie der Name besagt, ehemals zu einem Kloster gehörte. Mittlerweile hat sich das Gebiet etwas ausgedehnt, von einem schmalen Küstenstreifen hin zu dem Gebiet zwischen Laboe und Lütjenburg.

Während die Küstenlandschaft der Nordsee weit und flach ist und man immerzu geradeaus gucken kann, ohne daß man durch irgend etwas abgelenkt wird, geht es hier weniger streng zu. Jedenfalls in der Holsteinischen Schweiz, die merkwürdigerweise immer größer wird, da sich immer mehr Gemeinden dazu zählen. Zuerst, als der Begriff im 19. Jahrhundert aufkam, meinte man nur die Orte in der engeren Umgebung der Seenplatte, also Plön, Malente und Eutin. Aber jetzt zählen sich schon Bad Segeberg und einige Bäder im Osten und Norden stolz dazu. Alles bisher dazugehörende Land kann man vom höchsten Berg dieser »Schweiz« überblicken. Er ist 164 Meter hoch und liegt ganz in der Nähe von Eutin, der »Rosenstadt«, die aber selbst nur die sagenhafte Höhe von 34 Meter erreicht. Die Gegend beherrschend, dehnt sich über 45 Quadratkilometer der Plöner See. Und an seinem Ufer das 725 Jahre alte Plön. Die Plöner leben wie auf einer Insel, rundherum plätschern viele kleine Seen: der Dieksee, Godau-See, Lanker-See, Keller-See und und und. Tatsächlich trägt die abwechslungsreiche Landschaft den stolzen Namen Schweiz ziemlich zu Recht.

Bad Segeberg, das eben noch von sich behauptete, »am Rande« zu liegen, ist hauptsächlich bekannt geworden durch die Karl-May-Festspiele, die alljährlich mit 140 Schauspielern im Freilichttheater am Kalkberg stattfinden. In der Zeit von Juli bis August, montags bis freitags, sind die Hotels des fast 14 000 Einwohner zählenden und, wie kann es anders sein, uralten (12. Jahrhundert) Ortes ausverkauft. Karl-May-Begeisterte spielen für Karl-May-Begeisterte vor der eindrucksvollen Kulisse des Kalkberges, in dessen Innerem eine weitere Einmaligkeit Schleswig-Holsteins zu besichtigen ist: die 800 Meter langen, erst 1913 entdeckten Kalkberghöhlen. Der sich darüber türmende Berg war früher höher: durch regelmäßigen Gipsabbau sind nur noch 94 Meter übriggeblieben, aber diese Bemühungen wurden mittlerweile eingestellt, also kann man von hier aus noch mal einen weiten Blick auf Seen, Wälder und immer wieder auf die charakteristischen Knicks werfen.
26 Kilometer trennen Bad Segeberg von Lübeck, neben Kiel der zweitgrößten Stadt im Land. Übrigens liegen alle größeren Städte tatsächlich an der Ostsee, die viel wildere Nordsee scheint wirklich mehr für Individualisten zu sein ... Lübeck, die alte Hansestadt, deren Zugehörigkeit zu dieser im Mittelalter gegründeten Genossenschaft deutscher Kaufleute noch heute, neben Bremen und Hamburg natürlich, an dem »H« im Autoschild zu erkennen ist. Das H gibt Hinweis auf eine Geschichte, die in ihrem Auf und Ab beachtlich ist. 14 Jahre nach ihrer Gründung durch Adolf II. Anno 1143 allerdings sah es so aus, als hätte die Stadt keine Zukunft mehr, denn zweimal wurde sie zerstört: zuerst von dem Wendenfürsten Niklot, dann durch eine Feuersbrunst. Doch Heinrich der Löwe fühlte sich als Retter und baute sie,

Lübecker Rathaus

finanziell unterstützt von Kaufleuten von Rhein und Ruhr, nicht nur wieder auf, sondern erhob sie auch noch zum Bischofssitz. Nach Kämpfen zwischen ihm und Kaiser Barbarossa wurde Lübeck sogar kaiserliche Stadt. Nachdem die Dänen, die kurze Zeit ihre Hände im Spiel hatten, abgezogen waren, erlangte Lübeck 1236 endlich die Reichsfreiheit. Von nun an ging's bergauf. Schnell mauserte sich die Stadt zum Kopf der Hanse, und bis 1806 blühte sie wirtschaftlich und kulturell vor sich hin, wurde dann von den Franzosen aber zur Plünderung freigegeben, weil sich Blücher hier von ihnen hatte schlagen lassen. Sein Pech und auch Lübecks, denn nun wurde die Stadt zu allem Überfluß auch noch in das Kaiserreich eingegliedert. Aber eben in das französische. Neun Jahre später, nach den Befreiungskämpfen, war der Spuk vorbei, und Lübeck wurde wieder frei und Hansestadt. Von nun an ging's erneut bergauf. Bis zu den nächsten zwei Schlägen. Schlag eins nahm der Stadt 1937 die Selbständigkeit, und Schlag zwei traf sie 1945, als sie nach dem Zusammenbruch weite Teile ihres wirtschaftlich so wichtigen Hinterlandes verlor.

Und diese ganze Geschichte sieht man in Lübeck, der Stadt des Marzipans, der Tore und Kirchen und nicht zuletzt der Geburtsstadt der berühmten Brüder Thomas und Heinrich Mann, ziemlich real an vielen Baudenkmälern.

So ziemlich alles atmet hier Geschichte.

Unweit von Lübeck, in der Nähe der Wenden-Siedlung »Alt-Lübeck«, die noch fleißig ausgegraben wird, befindet sich ein viel profanerer Ort: Bad Schwartau, das sich besonders durch die Fabrikation köstlicher Marmeladen und Bonbons hervorgetan hat, deren Duft fast hinzieht bis zur nahen Küste. Timmendorferstrand, Travemünde oder Niendorf und Scharbeutz, dicht gedrängt liegt hier ein Bad neben dem anderen, bis hin nach Großenbrode. Von dort führt eine Brücke zur Insel Fehmarn, deren 13 000 Bewohner nicht nur alljährlich einen Strom von Gästen über sich ergehen lassen, sondern 1970 durch ein denkwürdiges Pop-Freilicht-Festival aufgerüttelt wurden.

Reisetips von A bis Z

Autobahn: eine mittlerweile 5831 Kilometer lange Möglichkeit, schnell dahin zu kommen, wo es sich lohnt, langsam zu fahren. Die Autobahnen, blau beschildert und eines der besten Straßennetze der Welt, wurden schon 1925 als vierspurige, kreuzungsfreie Verkehrswege von den Herren Hof und Uhlfelder in Frankfurt ausgeklügelt. Konrad Adenauer, der spätere Bundeskanzler und damals Oberbürgermeister von Köln, setzte sich für den Bau des ersten Teilstücks zwischen Köln und Bonn ein. Rechtsüberholen ist, außer im Kolonnenfahren, verboten. Alle zwei Kilometer ist ein Telefon (den schwarzen Pfeilen der Begrenzungspfähle folgen, sie markieren den kürzesten Weg zum nächsten Anschluß). Es meldet sich die Polizei oder der Automobilclub, der bei Pannen seine Straßenhilfswagen schickt. Kleinere Reparaturen können an Ort und Stelle durchgeführt werden, ansonsten wird man abgeschleppt zur nächsten Spezialwerkstatt.

Banken: Die meisten Banken schließen um 16 Uhr (samstags und sonntags keine Dienststunden). Verzweifeln Sie nicht mit Ihrem letzten Zehnpfennigstück in der Tasche: in größeren Städten und an Grenzübergängen hat die DVKB (Deutsche Verkehrskreditbank) auf Bahnhöfen und Flughäfen ihre Schalter bis spät in den Abend hinein geöffnet. Hier werden auch euro-Schecks entgegengenommen (Bearbeitungsgebühr: 2 DM). Wenn keine DVKB-Filiale in der Nähe ist, helfen manchmal auch die freundlichen Leute an der Reception großer Hotels.

Cafés: eine gemütliche Möglichkeit, einen Kaffee, Tee oder Kakao schon morgens ab 9 Uhr zu trinken, wenn die Restaurants noch geschlossen haben, dabei auf eine Verabredung zu warten, in Zeitungen zu blättern, interessiert oder amüsiert seine Umwelt zu beobachten.

Deutsch: nicht mehr als ein Unterrichtsfach, verbannt in Bücher, Amtsmitteilungen, Briefe und Speisekarten (Gottseidank). Was in Ihre Ohren dringt, kann

z. B. Hessisch sein, Westfälisch Platt, Hamburgisch oder Bayrisch. Damit freilich der Küstendeutsche auch den Landsmann aus den Alpen versteht und der Ausländer den Inländer, wird es eben in der Schule gelehrt. Wenn Sie nur recht verständnislos schauen, wird sich selbst der ergrauteste Schulabgänger Mühe geben, hochdeutsch zu reden. Wie mögen sich seinerzeit wohl Goethe und Schiller unterhalten haben? Frankfurterisch der eine, schwäbisch der andere?

Einladungen: werden gern ausgesprochen, besonders für den Abend. Kommen Sie, wenn es 20 Uhr heißt, auch möglichst um 20 Uhr. Immerhin verzichtet Ihr Gastgeber auf den Fernsehabend. Und bringen Sie eine Kleinigkeit mit: am besten Blumen für die Hausfrau. Rechtzeitig besorgen: Die Geschäfte schließen im allgemeinen um 18.30 Uhr.

Friseure: eine konsequente Zunft — montags halten sie ihre Läden einmütig geschlossen. Dafür arbeiten sie aber samstags.

Grenze: 50 Millionen Reisende passieren jährlich aus dieser oder jener Richtung die bundesdeutschen Schlagbäume und die Herren vom Zoll in ihren neugeschneiderten zivilen Uniformen. Ihr Tip: »Melden Sie alles an, was Sie mitgebracht haben.«

Hostessen: freundliche und gelehrte Damen, zumindest was ihre Stadt anbetrifft. Sie werden über das Fremdenverkehrsamt vermittelt, sprechen meist mehrere Sprachen (oder auch nur eine, aber die perfekt), führen Sie an allem Wichtigen vorbei, helfen Ihnen bei Besorgungen und geben Ihnen manchen Tip ins gute Lokal oder Spezialitätengeschäft. Vorsicht bei Zeitungsanzeigen, vor allem in Großstädten: Hinter dem Stichwort »Hosteß« warten sicher ebenso freundliche Damen, die Ihnen freilich ganz andere Arten von Betreuung verschaffen wollen.

Informationen: geben Ihnen zunächst die Fremdenverkehrsämter in Städten und Städtchen. Meist in der Nähe von Bahnhof oder Rathaus angesiedelt, mit umfangreichen Regalen voller Prospekte ausgestattet, aber auch für jede Art von ausgefallener Frage um keine Antwort verlegen. Informationen geben Ihnen aber auch beispielsweise der Wirt des Gasthauses, über dessen Bildersammlung Sie sich gerade gewundert haben; der Knabe am Brunnen; die alte Frau auf der Bank vor dem Gebäude mit der seltsamen Inschrift am Giebel. Einfach fragen!

Jahrmärkte, auch Kirmes genannt: keine Stadt, kein Dorf, das sich nicht mindestens einmal im Jahr solche Lustbarkeiten gestattet. Mit Schaukeln, Boxbuden, Karussell, Wurstständen, Eismännern und der einzigartigen Möglichkeit, Einheimische ohne Zaumzeug zu beobachten: so, wie sie ganz natürlich sind.

Kirchen: auch am Sonntag zu inspizieren, wenn Gottesdienst ist. Dann aber eine Stunde stillsitzen oder -stehen und nicht wie ein Tourist umherspazieren. Belohnung: Architektur und Mensch verbinden sich inmitten von Weihrauch, Gesang, Gebet und Festtagskleidung zu tieferer Impression — im Kölner Dom wie in der strahlend festlichen Wallfahrtskirche in der Wies (Oberbayern), im Eifelkloster Maria Laach wie im Ulmer Münster (von dessen Kirchturm, mit 162 Metern der höchste der Welt, einst ein tapferes Schneiderlein samt selbstgebasteltem Flügelwerk fliegen wollte und nirgendwo anderes landete als in der unten vorüberfließenden Donau).

Länder: Die Bundesrepublik besteht aus zehn Ländern und Westberlin, das unter besonderem Viermächtestatus steht. Die Länder sind: Baden-Württemberg (mit der Hauptstadt Stuttgart und den Städten Karlsruhe, Heidelberg, Mannheim, Freiburg, Tübingen, Ulm, Konstanz); Bayern (das flächenmäßig größte Land, mit München, Nürnberg, Augsburg, Regensburg und Würzburg mit ihren mittelalterlichen Stadtkernen); West-Berlin (mit 2,6 Millionen Einwohnern die größte Stadt Deutschlands); den Stadtstaaten Bremen und Hamburg; Hessen (Wiesbaden als Hauptstadt, Frankfurt mit Deutschlands größtem Flughafen, den ehemaligen Residenzstädten Kassel und Darmstadt); Niedersachsen (Hannover, Braunschweig, Göttingen und Osnabrück); Nordrhein-Westfalen (das am dichtesten besiedelte Bundesland mit über 17 Millionen Einwohnern. Hauptstadt: Düsseldorf; Köln, Essen, Dortmund, Duisburg und Aachen); Rheinland-Pfalz (Mainz, Trier und Koblenz); Saarland (Saarbrücken) und Schleswig-Holstein (Kiel und Lübeck).

Museen: Fast jede Stadt hat ihr Museum, jedes mit besonderen Kostbarkeiten. Sie sollten Ihr Augenmerk nicht nur auf die großen Galerien, sondern auch auf spezielle, oft originelle Sammlungen richten: das Pferdemuseum in Verden/Aller beispielsweise, das vorzeitliche Freilichtmuseum in Unteruhldingen am Bodensee, das benachbarte Zeppelinmuseum in Friedrichshafen oder das Tapetenmuseum in Kassel.

Oper, Theater, Kabarett und Konzert: Prüfen Sie den Theaterspielplan und das Konzertprogramm in der Stadt, in der Sie gerade sind. Der Vorhang öffnet sich, gleich was dahinter erscheint, mit Ausnahmen um 20 Uhr (pünktlich).

Polizei: Sie nennt sich »Dein Freund und Helfer« und kann außer der Strafe für Ihr Parken im Parkverbot eine Menge Tips geben: Gaststätten, Abkürzungen, Öffnungszeiten, Straßenlagen. Und wenn er besonders gut aufgelegt ist, der Mann in Uniform, und sein Streifenweg nicht allzu weit vorbeiführt, begleitet er Sie auch.

Quartiere: Wenn sie bei all dem Neuen nach einem Nachtlager ausspähen, verbinden Sie doch den Schlaf mit einem weiteren Abenteuer: übernachten Sie heute in einer der 50 Burgen oder der Schlösser, die als Hotels ausgebaut sind; morgen in einer schlichten Berghütte mit Strohsack und ohne Licht; übermorgen in einem Gasthaus aus dem Mittelalter oder in dem erst letzten Jahr eröffneten Großhotel. Deutschland hat die rechte Mischung.

Romantiker: Sie haben sogar eine eigene Straße, Rothenburg liegt daran und Dinkelsbühl — lauter

Paradeorte deutschen Mittelalters. Eine »Barockstraße« gibt es und eine »Badische Weinstraße«, die »Harz-Heide-Straße« zwischen Lüneburg und Göttingen, allesamt nicht nach Kilometern zu bemessen, sondern nach ihren verschwenderisch gebotenen Eindrücken.

Stammtisch: eine zwiespältige Sache, wenn Sie einen derart — meist durch ein Fähnchen oder eine Metalltafel — gekennzeichneten Platz in einem Gasthaus entern: entweder trifft alsbald eine bösblickende Männerschar ein, die den Tisch nach alter Tradition zu festgelegten Zeiten allein für sich gepachtet hat und Sie wortreich in den hintersten Wirtshauswinkel vertreibt, oder Sie finden sich in der Runde eingekeilt wieder bei angeregtem Ausfragen und Ausgefragtwerden — der Versuch lohnt sich.

Telefonieren: Von allen öfentlichen Fernsprechzellen aus sind sowohl Orts- als auch Ferngespräche möglich — und billiger als aus den gelben Häuschen geht es nirgendwoher. Ein Stadtgespräch bzw. eine Fernsprecheinheit kostet 20 Pfennig, vom Privatanschluß aus ist es einen Pfennig teurer. In Gaststätten, Hotels etc. kommt ein Aufschlag hinzu. Die Automaten lassen sich mit Geldstücken füttern — 20, 50 Pfennig oder eine D-Mark. Zwischen 18 und 7 Uhr wird es billiger. Telefonnummern aus der jeweiligen Stadt oder der Region sind im ausliegenden Telefonbuch nachzublättern, über weitere Anschlüsse gibt die Auskunft Auskunft (1 18 oder 01 18). Die Nachfrage ist kostenlos, allerdings müssen zwei 10-Pfennig-Stücke eingeworfen werden. Sie kommen nach dem Gespräch wieder aus dem Automaten.

U-Bahnen: sechs U-Bahn-Städte sind in Deutschland registriert: Berlin, Hamburg, München, Köln, Frankfurt und Nürnberg. Außer in Berlin und Hamburg handelt es sich zunächst nur um hoffnungsvolles Stückwerk.

Volksfeste: oft sehenswerter und von größerer historischer Gewalt als Dome, Schlösser und sonstige Monumente. Das Oktoberfest in München beispielsweise, der Kölner Karneval, der Meistertrunk in Rothenburg, Goethes »Götz von Berlichingen« in der Götzburg von Jagsthausen. Nachteil: Reiserichtung und Veranstaltungstermin müssen zusammenpassen.

Wandern: nicht die schlechteste Methode, Deutschland zu entdecken. Nehmen Sie sich beispielsweise ein Stück Schwarzwald vor, die Alpen oder die Lüneburger Heide. Es gibt sogar ausgezeichnet beschilderte Rundwege, z. B. einen Wanderweg rund um den Bodensee.

X Dinge könnte man hier noch aufführen, was aber den Rahmen dieses kleinen Bändchens sprengen würde. Doch kurz sei noch erwähnt: knapp, aber präzise informieren die kleinen Polyglott-Reiseführer — regional aufgegliedert — über alle Sehenswürdigkeiten der Bundesrepublik. Wo man gut ißt, trinkt und übernachtet, darüber unterrichtet zuverlässig (mit Preisangaben) der alljährlich neu aufgelegte Varta-Führer. Ansonsten erhalten Sie in jeder Buchhandlung Nachschlagewerke und Informationsbücher über die Bundesrepublik: vom preiswerten Taschenbuch bis zum teueren Bildband.

Y: ein seltener Buchstabe in der deutschen Sprache. Er kennzeichnet jedes Fahrzeug der Deutschen Bundeswehr, und dies deshalb — so behaupten die bösen Zungen —, weil Y das Ende von Germany ist.

Züge: 20 000 rollen täglich durchs Land, mit vier Millionen Reisenden, zu 5 000 Bahnhöfen. 59 Autoreisezüge lassen sich, wenn Sie die Unlust vom Lenker vertreibt, Ihr Vehikel auf die breiten Schultern in Richtung Nord und Süd setzen. Es gibt preisgünstige Monatskarten, Ferientourenkarten für 70 Bezirke, Kinderermäßigungen (bis zum 10. Lebensjahr der halbe Preis) und die Intercity-Züge: komfortable 1.-Klasse-Wagen, die 33 deutsche Städte im Zwei-Stunden-Rhythmus verbinden. Fragen Sie am Bahn-Fahrkartenschalter oder im Reisebüro nach Details.

Die Zeichnungen sind dem von Fritz Busse reich illustrierten Buch »Heimat« entnommen (herausgegeben von Günther Birkenfeld im Horst Erdmann Verlag, Tübingen).